KB268088

중등부터
시작하는
내신 1등급 오답 노트

중등부터
시작하는

내신 1등급 오답 노트

현직 교사가
분석한
내신과 수능을
모두 잡는
공부 비법

배혜림
지음

더 디퍼런스

프롤로그

　수능에서 만점을 받은 학생들의 인터뷰를 읽었습니다. 대부분의 학생이 학교 공부가 바탕이 되었다고 답했습니다. 어쩌면 교과서적인 대답처럼 들릴지도 모릅니다. 특별한 비법이 아니라 학교 수업이라니요. 하지만 올해 고3을 가르친 제게 그 말은 뻔하게 들리지 않았습니다. 왜냐하면 현장에서 만나는 학생들을 관찰해 보면 결국, 성적이 좋은 학생들은 수업 시간에 집중해서 듣고, 그 내용을 정리해서 내 것화하는 학생들이었거든요.

　학교에서 만나는 학생들을 떠올려 보면 성적이 안정적으로 잘 나오는 학생들은 대체로 비슷한 습관을 지니고 있습니다. 수업의 내용을 이해하려 애쓰고 교사의 말을 놓치지 않으려 노력하며 이해되지 않는 부분에 표시해 두었다가 질문하는 습관입니다. 그리고 무엇보다도 그 내용들을 정리하는 습관이 있었습니다. 교사의 설명을 그대로 베끼는 것이 아니라 자기 언어로 다시 쓰며 자신만의 체계로 정리하는 과정이었습니다.

　그 학생들의 노트를 살펴보면 화려하거나 색깔이 많은 편은 아니지만 자신만의 논리적 흐름을 갖고 있습니다. 단원과 단원이 어떻게 연

전교 1등 학생의 노트 필기

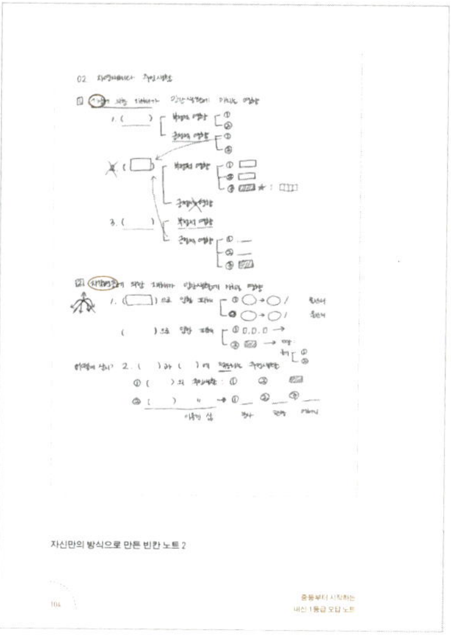

자신만의 방식으로 만든 빈칸 노트

결되는지 개념과 개념이 어떤 위계로 놓이는지 드러납니다. 노트는 단순한 기록이 아니라 학습 사고의 지도입니다.

요즘 학생들은 '학(學)'의 시간은 지나칠 정도로 길지만 '습(習)'의 시간은 그다지 길지 않은 것 같습니다. 하지만 스스로 다지는 시간이 없

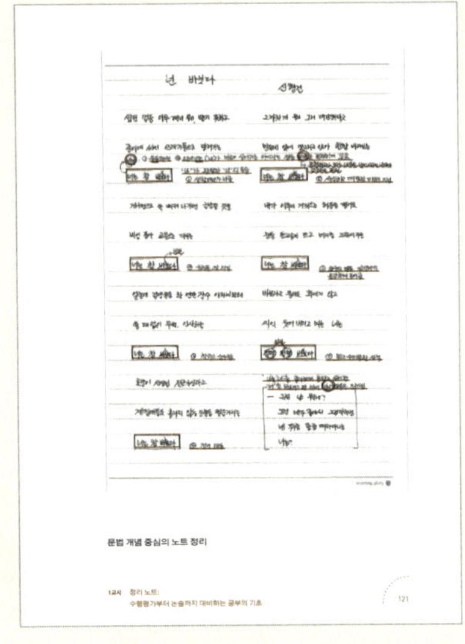

문법 개념 중심의 노트 정리

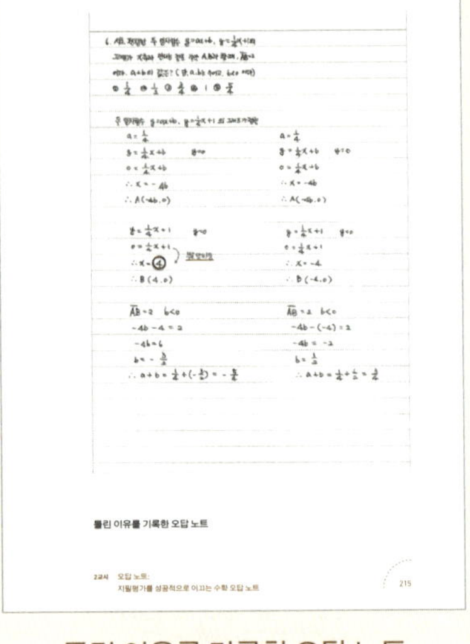

틀린 이유를 기록한 오답 노트

으면 모래 위의 성과 같이 작은 파도에도 무너질 수 있습니다.

노트 정리는 느립니다. 당장 점수가 오르지 않는 것처럼 보일 때도 있습니다. 그러나 우리가 체력을 키우려면 링거에 의존하기보다 운동을 통해 기초 근력을 다지듯이 차근차근 노트 정리를 하는 과정을 통해 오히려 가장 빠르게 향상될 수 있습니다. 수업을 듣고 나면 스스로 질문하고, 내용을 정리하며 개념을 연결하는 과정이 쌓이면 아무리 낯선 문제라 하더라도 읽어 낼 수 있습니다.

노트 정리는 성적표에 직접 드러나지 않지만 보이지 않게 성적표를 움직일 수 있습니다. 노트에는 나의 실패의 흔적이자 성장의 과정이 드러나 있습니다. 공부는 결국 태도의 문제이며 태도는 습관에서 드

중등부터 시작하는
내신 1등급 오답 노트

러납니다. 노트 정리는 그 습관을 눈에 보이게 만드는 가장 구체적인 행동입니다. 오늘 배운 것을 흘려보내지 않겠다는 다짐, 이해할 때까지 붙들고 있겠다는 의지, 문제에 대한 솔직한 태도가 노트에 남아 있지요.

수능 만점자들의 '학교 공부가 바탕이 되었다'는 말은 결국 이런 뜻이 아닐까요? 교실에서 흘러간 수많은 시간 중 단 한 시간도 허투루 보내지 않았다는 고백. 그 중심에는 '정리'가 있었을 겁니다.

이 책은 노트 정리와 오답 노트 작성법에 대한 책이지만, 이 책이 정답이라고 할 수 없습니다. 왜냐하면 사람마다 다 다른 사고의 과정을 가지고 있으니까요. 또, 노트 정리를 잘한다고 해서 단번에 내신 성적이 눈에 띄게 오른다고 말할 수도 없습니다. 하지만 어떻게 노트를 정리해야 할지 막막한 누군가가 있다면 그 누군가에게 작은 도움이 될 수 있기를 바랍니다. 그리고 그 작은 도움이 학습을 위한 단단한 근육이 되면 좋겠습니다.

배혜림 드림

(0교시)

중등부터 시작하는 쓰기의 기술

0교시

중등부터
시작하는
쓰기의 기술

로드맵은 익숙한데
쓰는 법을 모르는 요즘 중등

"선생님 그거 필기해야 하는 거예요?"

수업 시간에 가장 많이 듣는 질문이 있습니다.

"필기해야 돼요?"

수업이 거의 끝나고 수업 중 했던 내용을 정리하는 단계입니다. 칠판 가득 필기할 내용을 쓰고 하나하나 읽으면서 설명합니다. 학생들은 칠판의 글씨와 제 얼굴을 번갈아 봅니다. 수업을 제법 열심히 듣는 것 같습니다. 그러나 칠판에 이렇게 많이 필기가 되어 있는데도, 그것을 옮겨 적느라 손이 바쁜 아이는 보이지 않습니다.

"너희 이 내용 다 이해한 거야?"

"잘 모르겠어요."

“대충 알겠어요.”

“다 이해했어요.”

다양한 답이 나옵니다.

“필기는 했어?”

“네? 필기해야 해요?”

“선생님, 내용이 너무 길어요.”

“그냥 프린트로 주시면 안 돼요?”

쓰기도 전에 여기저기서 한탄이 들려옵니다. 역시…….

수업을 할 때마다 필기를 열심히 하는 학생은 거의 없습니다. 필기하라고 하면 마지못해 쓰지만 필기에 집중하지는 않고 손과 입이 따로 놉니다.

“내일 나 놀러 갈 거다?”

“오늘 급식 뭐지?”

“학원 숙제 안 했는데.”

“아니, 얘들아. 글을 쓸 때는 내용에 집중야지. 그렇게 딴 이야기를 하면 어떻게 집중이 되니?”

“괜찮아요. 나중에 공부하면 돼요.”

수업 시간마다 늘 일어나는 일입니다. 수업 시간에 필기하라는 내용은 필히 중요한 핵심인데, 적으라고 하면 학생들은 꼭 질문합니다.

“선생님, 그거 꼭 필기해야 해요? 필기 안 하면 안 돼요?”

중학생뿐 아니라 고등학생한테도 듣는 말입니다.

“필기하세요.”

수업 중에 하는 필기는 단순히 칠판의 글씨를 옮겨 쓰는 행위가 아닙니다. **필기는 학생들이 수업 내용을 자신의 손으로 직접 정리하면서 자연스럽게 학습 내용을 이해하고 내면화하는 과정입니다.** 눈으로 읽거나 듣기만 하는 것보다 손으로 직접 쓰면서 머릿속에서 내용을 다시 한번 생각하고 정리하는 과정이 더해지면 이해도가 훨씬 높아집니다.

노트 정리는 배운 내용을 자기의 것으로 만들어 가는 과정입니다. 손으로 직접 쓰는 활동은 뇌의 여러 영역을 동시에 자극해서 학습 효과를 극대화할 수 있습니다. 손으로 직접 필기해야 타이핑하거나 프린트물을 보는 것보다 기억에 훨씬 오래 남습니다.

수업 시간에 필기를 해야 듣기만 하고 넘어갈 때보다 나중에 복습할 때 기억이 더 잘 납니다. 프린트물을 보는 것과 달리 직접 필기한 노트를 보면 그날 수업 분위기나 상황이 함께 기억이 나기 때문에 더 효과적으로 수업 내용을 떠올릴 수 있습니다. 저는 중학교 때 필기를 하면서 선생님의 캐리커처를 노트 한쪽에 함께 그리곤 했습니다. 그날 선생님이 입고 오신 옷까지 상체 정도만 그렸는데, 나중에 노트를 펼치면 그날 선생님의 옷차림은 물론 목소리와 수업 분위기까지 고스란히 떠올라 생생하게 복습할 수 있었습니다.

필기는 귀찮고 힘든 일입니다. 글씨가 예쁘지 않으면 필기에 자신감이 떨어지기도 하고 필기에만 집중하면 수업을 따라가기 어려운 경우도 있습니다. 무언가를 쓴다는 일은, 비록 들은 내용을 옮겨 적는 과정이라 해도 결코 쉬운 일이 아닙니다. 하지만 필기의 어려움을 극복하고 꾸준하게 필기하면 점차 글씨를 빨리 쓰고 이것이 쌓여서 자신만의 필기 스타일을 만들 수 있습니다.

생각을 구조화할 수 있어야 공부를 잘할 수 있습니다. 생각은 눈에 보이지 않습니다. 눈에 보이지 않는 생각을 정리하기란 쉽지 않겠지요. 생각을 눈에 보이게 만들어 서랍에 담듯이 차곡차곡 담아서 구조화한다면 필요할 때 좀 더 수월하게 꺼낼 수 있습니다. 이렇게 생각이 체계적으로 구조화되어 있으면 공부의 효율은 크게 올라가겠죠. 필기는 바로 그 구조화를 도와주는 가장 효과적인 방법입니다. 시험도 결국 손으로 써야 합니다. 꾸준한 필기가 공부의 기본이 되는 이유입니다. 꾸준한 노력이 쌓이면 학습 능력이 향상됩니다.

듣는 것에 익숙한 아이들

제가 늘 하는 잔소리가 있습니다.

"선생님이 수업하는 모습을 보고 듣기만 하는 것은 진짜 공부가 아니다. 그것은 선생님이 공부하는 걸 구경하는 것에 불과하다. 진짜 공부란 너희들이 직접 손으로 쓰고 생각을 정리하면서 머릿속으로 학습 내용을 되새기는 과정이다. '학습(學習)'은 '배울 학(學)'과 '익힐 습(習)'이 더해진 글자인데 '학'은 배우는 단계고 '습'은 익히는 단계다. '학'의 시간보다 '습'의 시간이 더 길어야 비로소 네 것이 된다."

'학'의 시간은 학교든 학원이든 인강이든 선생님이 가르치는 것을 보고 듣는 과정이고, '습'의 시간은 그것을 내면화하는 과정입니다.

'학'과 '습'이 함께 이루어져야 진정한 학습이 완성되는 거죠. 중요한 것은 '습'의 시간이 충분히 확보되어야 배운 내용이 머릿속에 깊이 자리 잡는다는 점입니다. 저는 '학'의 시간이 1이라면 '습'의 시간은 최소한 '학'의 시간의 2배는 되어야 한다고 생각합니다. 그래야 '학'의 내용이 흩어지지 않기 때문이죠. 배운 내용을 손으로 쓰고 머릿속으로 되새기며 '습'을 하는 과정이 있어야 그 내용이 진짜 내 것이 됩니다.

저는 개인적으로 학습지에 괄호를 비워 두고 그것만 쓰게 하는 걸 좋아하지 않습니다. 시간이 다소 걸려도 스스로 온전한 한 문장을 쓰는 경험이 필요하다고 생각합니다. 그래야 수업 내용에도 집중할 수 있기도 하고요. 그래서 수업 시간에 필기를 많이 하는 편인데, 필기를 할 때마다 학생들이 싫어하는 기색이 역력히 드러납니다.

포노사피엔스(phonosapiens)라고 하나요? 요즘 아이들은 어려서부터 태블릿과 스마트폰, 컴퓨터 같은 디지털 기기에 자연스럽게 노출되어 자랐습니다. 세상과 소통하는 방식도 글보다 영상과 음성이 중심입니다. 정보가 필요할 때 텍스트 기반의 책이나 설명서를 찾기보다 유튜브 영상을 검색하는 것이 익숙합니다.

글쓰기 활동을 하면서 근거자료를 찾으라고 해도 신문 기사나 블로그 같은 텍스트 위주의 자료를 찾는 저와 달리 대부분의 학생은 유튜브를 검색해 영상 자료를 찾습니다. 처음 그런 모습을 보았을 때는 '유튜브에서 정보를 찾는다고?' 하고 놀랐습니다. 하지만 이제는 익숙해져서 무조건 유튜브를 검색하면 안 된다고 하지 않고 유튜브를 보더라도 믿을 수 있는 출처의 자료를 찾아야 한다고 말합니다. 글쓰기 활동을 위해 근거자료를 찾을 때마다, 이 아이들은 글자를 읽고 쓰는 것보다 시청각 자료를 통해 정보를 보고 듣는 방식에 훨씬 익숙한 세대라는 사실을 새삼 느끼게 됩니다.

이런 환경에서 자란 학생들에게 손으로 글씨를 쓰는 일은 익숙하게 느껴지지 않습니다. 스마트폰 화면에 메시지를 입력하거나 음성으로 명령을 내리는 것은 빠르고 편하지만 상대적으로 연필을 쥐고 종이에 글자를 적는 행위는 더디고 불편합니다. 그래서일까요? 필기하는 양이 많아질 때마다 투덜거리는 학생들이 많습니다.

"인터넷에서 관련 내용을 검색해서 'Ctrl + C', 'Ctrl + V'를 하고 싶어요"라고 하면서 글 쓰기 싫어하는 티를 팍팍 내는 학생들도 있고 "선생님, 컴퓨터로 작성하면 안 돼요?", "선생님 프린트로 만들어서 나눠 주시면 안 돼요?"라는 학생도 있습니다. 그때마다 저는 "응, 안 돼. 필기해"라고 대답합니다. 저는 몸을 써서 활동하지 않으면 그 내용을 충분히 익힐 수 없다고 생각하거든요. 그래서 가능하면 학생들이 직접 글을 쓰면서 익힐 수 있도록 하려고 애씁니다.

예전에는 수업 내용을 따라가려면 필기를 해야 했습니다. 너무 옛날이지만, 제가 중학교 때 국어 수업을 들을 당시 선생님께서 중요한 단어가 나오거나 필기를 해야 할 때 밑줄을 그으라고 하셨습니다. 저는 자를 대고 줄을 긋고 선생님이 쓰라고 하는 내용을 받아썼습니다. 그렇게 국어 교과서가 빽빽할 정도로 읽고 쓰고 필기했던 기억이 납니다. 그때는 왜 줄을 긋고 이런 걸 받아써야 하나 생각했는데, 그러한 과정들이 쌓여서 글을 읽는 방법을 자연스럽게 익히게 되었다고 생각합니다. 국어뿐 아니라 다른 과목도 비슷했던 것 같습니다. 노트도 준비해서 필기도 빽빽하게 했습니다. 그런데 지금은 그렇게까지 하기 쉽지 않습니다.

디지털 기기가 발달하면서 학습 방식도 달라졌습니다. 학습 태블릿이나 스마트폰에서 흘러나오는 음성 안내를 따라 화면을 터치하거나 터치 펜만으로도 수업이 진행되다 보니, 종이 위에 글을 쓰는 활동 자체가 줄었습니다. 그보다는 영상을 듣고 따라 하는 활동이 더 많아졌습니다. 그런 과정이 누적되면서 학생들은 글로 쓰는 것보다 듣는 것에 더 익숙해지게 되었습니다.

수업할 때도 자주 느낍니다. 학생들에게 동기를 유발하려고 영상을 보여 주면 집중하지만 막상 자신의 생각을 글로 쓰거나 표현하라고 하면 집중력이 급격히 떨어지고 흥미를 잃는 모습을 보입니다. 어떤 학생은 수업 내내 필기구조차 쥐지 않고 듣고만 있는 경우도 있습니다.

중학생이 뽑은 국어 교과서에서
가장 어려운 단원

중학교 1학년 국어 수업을 마무리하면서 학생들에게 가장 어려웠던 단원이 무엇이었는지 물어보았습니다. 저는 당연히 학생들이 '문법' 단원을 가장 어려워할 줄 알았습니다. 문법은 암기할 내용도 많고 이를 실제 사례에 적용하며 이해하려면 암기만 해서는 부족하기 때문입니다. 그런데 학생들의 대답은 의외였습니다.

학생들이 제일 어려웠다고 대답했던 단원은 '요약하기'였습니다. 수업 시간에 요약하기 단원을 수업할 때 학생들은 분명 대답도 잘했고, 핵심 문장도 잘 찾았습니다. 혹시 요약하기를 못하는 학생이 있을까 싶어서 반마다 몇 명씩 문단별로 요약하고 그것을 발표했고 교과서를 걷어서 제대로 요약했는지 검사도 했습니다. 엉뚱한 부분에 밑줄을 긋거나 엉뚱한 답을 발표한 학생은 거의 없었습니다. 중학교 1학년 교과서에 수록된 지문인 만큼 어려운 글은 아니었기에 요약하기 훈련이 충분히 되었다고 생각했습니다. 활동 후 다른 과목 교과서를 요약하기도 하고 문학 작품을 요약하기도 하는 등 여러 가지 종류의 글을 요약하며 훈련시켰습니다. 그때마다 학생들을 골고루 발표시켰고 발표를 한 대부분의 학생들은 요약을 잘해서 감탄할 정도였습니다.

그런데 그렇게 활동을 잘했던 '요약하기' 단원이 가장 어려웠다니 의아했습니다. 당시 발표를 잘했던 학생에게 물어봐도 대답이 비슷했습니다. 학생들에게 왜 요약하기 단원이 제일 어려웠는지 물었습니다.

학생들의 대답은 제게 국어 교사로서 고민할 거리를 주었습니다. 학생들의 말에 따르면 다른 단원은 그래도 배운 대로 암기하거나 정리할 수 있지만, 요약하기 단원은 선생님이 아무리 요약하는 방법을 가르쳐 줬다고 해도 직접 글을 읽으면서 어느 것이 핵심 문장인지 끊임없이 생각하며 중심 문장과 핵심어를 찾아야 하는데, 방법은 알아도 그것을 적용하려니 너무 막막하고 힘들었다는 것입니다.

요약하기 단원이 이해하거나 암기가 필요한 단원이 아니라 문해력을 바탕으로 글의 의미를 이해하고 문장 간의 관계를 파악하며 중심 내용을 찾아내야 하는 과정이었기에, 그러한 훈련이 충분히 되지 못한 중학교 1학년 학생들이 이 단원을 어렵게 느꼈던 것입니다.

요약하는 능력을 키우기 위해 초등학생 때부터 따로 무언가를 학습할 필요는 없습니다. 초등학생 때까지 책의 종류와 관계없이 줄글 책을 많이 읽었다면 자연스럽게 내용을 이해하고 요약하는 과정이 내면화되어 있을 겁니다. 긴 글을 이해하며 읽으려면 앞의 내용을 요약하고 정리해야 하기 때문입니다. 학년이 올라갈수록 책 속 글의 길이는 점점 길어지고 내용을 유추할 수 있는 삽화는 줄어듭니다. 글의 내용을 제대로 이해하려면 앞부분의 내용을 계속 요약하고 정리하면서 읽어야 책의 내용을 이해할 수 있습니다. 이러한 과정은 꾸준한 독서로 어느 정도 훈련할 수 있습니다. **그림책에서 줄글 책으로 넘어가는 시기는 이러한 훈련을 할 수 있는 황금기입니다.**

그런데 초등학교 고학년이 되면서 많은 학생들이 영어나 수학 등 다른 과목에 집중하느라 줄글 책을 등한시합니다. 본격적으로 글을 이해하는 능력을 키워야 하는 시기에 그 능력을 키울 수 있는 줄글 책을 읽지 않습니다. 그 결과, 글을 읽고 이해하는 능력이 폭발적으로 발전하는 중학생 때, 글을 읽고 요약하는 힘이 부족해 짧은 글을 읽을 때도 그 글을 정리하고 요약하는 힘이 부족합니다.

학교 공부를 잘하려면 교과서의 핵심 내용을 정확히 이해하고 시험에서 요구하는 것을 명확히 파악해 답을 찾을 수 있어야 합니다. 글을 읽고 그 내용을 요약해서 정리하지 못하면 핵심 내용을 이해하지 못해 시험을 잘 볼 수 없고 공부가 힘들어질 수밖에 없습니다. 시험 문제가 교과서에서 나온다고 몇 번이나 강조해도 학생들은 교과서를 읽고 스스로 내용을 정리하거나 요약하지 않습니다. 그것보다 이미 교과서 내용이 요약된 문제집이나 학원에서 나눠 준 프린트만 보고 암기하는 경우가 더 많습니다. 시험 기간에 교과서를 읽고 공부를 했다는 학생은 손가락에 꼽을 정도입니다. 이러한 방식으로 공부를 해 온 학생들에게 글을 읽고 요약하고 정리하는 훈련은 가장 어렵게 느껴지는 단원이었겠구나 하는 생각에 저절로 고개가 끄덕여졌습니다.

학생들이 요약하기 단원을 어렵게 느낀 것은 결국 암기를 하지 못했거나 요약 기술을 익히지 못한 것이 아니라 글을 읽고 그 내용을 깊이 이해하고 스스로 생각하는 훈련이 부족했기 때문입니다. 공부를 잘하려면 수업을 열심히 듣고 수업 내용과 교과서의 내용을 충분히 공부해서 중요한 내용을 스스로 정리하는 과정이 반드시 필요합니다. 중요한 부분을 찾아서 짧은 문장으로 바꾸는 과정이 '요약하기'입니다. 그리고 요약한 내용을 노트에 정리한 것이 바로 '노트 정리'입니다. **결국 노트 정리란 수업을 듣고 수업 내용과 교과서 내용에서 어느 것이 중요한지 찾아서 그것을 요약해서 정리한다는 의미입니다.**

초등 때와는 다른
공부 스케줄 작성법

중고등은 시간 싸움이다

"초등학교 때는 잘했는데, 중학교에 오니까 갑자기 공부가 어려워요."

중학교에 진학하면서 학생들이 공통으로 느끼는 어려움 중 하나는 시간 부족입니다. 과목 수는 늘어나고 과목별로 학습할 양도 많아지며 수행평가와 시험 준비, 과제 등 해야 할 일도 많아집니다. 성적에 대한 부담도 생기고요. 고등학교는 더하겠지요.

중고등학교는 '시간 싸움'입니다. 누구에게나 똑같이 24시간이 주어집니다. 이 시간을 어떻게 관리하고 학습에 투자하느냐에 따라 성적이 크게 달라집니다. 시간은 누구에게나 공평하지만 그 시간을 공부에 어떻게 사용하느냐에 따라 성적이 다르게 나올 수 있는 겁니다.

학교에 근무하면서 가장 안타까울 때가 열심히 공부하는데 성적이 안 나오는 아이들을 볼 때입니다. 반면 아주 열심히 하지 않는 것 같아 보이는데 성적이 잘 나오는 학생들도 있습니다. 이 아이들을 자세히 살펴보면 시간 관리하는 방법에서 차이가 있습니다. 전자의 아이들은 열심히 하지만 공부를 준비하는 데 시간을 많이 소비합니다. 그에 비해 후자의 아이들은 공부를 시작하면 무섭게 집중합니다. **결국 시간을 얼마나 효율적으로 사용하느냐가 성적을 가르더군요.** 학생들을 보면 볼수록 특히 중고등학생에게 중요한 것은 시간 관리 능력인 것 같습니다.

시간 관리를 잘하기 위해서는 수업을 듣고 난 뒤의 시간을 어떻게 활용하느냐가 중요합니다. 많은 학생이 착각하는 것이 하나 있습니다. 수업을 잘 듣고 이해했으면 그걸로 공부가 끝났다고 생각하는 것입니다. 진짜 공부는 수업 후에 시작됩니다. 수업을 듣는 시간은 배우는 시간입니다. **그 배운 내용을 자기 것으로 만들려면 스스로 공부하고 그 내용을 정리한 뒤, 제대로 이해했는지 문제를 풀면서 확인하는 시간이 필요합니다. 그 시간이 바로 진짜 공부하는 시간입니다.** 배우는 과정과 공부하는 과정이 함께 이루어질 때 비로소 학습이 완성됩니다. 공부를 잘하는 학생들은 수업 시간에 집중하고 수업 후에 효과적으로 공부합니다.

배우는 것을 1이라고 하면 그것을 익히는 것이 최소한 그 2배는 되어야 합니다. 1시간 동안 배웠다면 2시간 이상 그 내용을 익혀야 한다는 의미입니다. 이 과정이 내면화하는 과정입니다. 아무리 열심히 수업을 들어도 듣고 나서 복습을 하지 않고 그냥 넘어가면 그날 배운 내용이 머릿속에 남아 있지 않습니다. 그 내용을 내 것으로 만들려면 **적어**

도 배운 시간의 2배 정도는 내용을 정리하고 문제를 풀어 보고 오답을 정리하며 다시 개념을 되새겨 혼자서 익히는 시간이 필요합니다. 이 시간이 바로 내면화의 시간, 즉 진짜 공부하는 시간입니다. 고등학교 최상위권의 학생들은 이 '복습'하는 시간을 '반드시' 확보해서 공부합니다. 아무래도 스스로 공부하는 시간이 최상위권을 결정하는 요인이 아닐까 싶을 정도입니다.

그런데 대부분 중고등학생의 하루를 살펴보면 아침에 일어나 등교하고 여러 과목의 수업을 듣고 방과 후에는 학원에 가거나 수행평가 등의 준비를 하고 집에 돌아오면 각종 과제나 시험공부를 합니다. 무척 바빠 보입니다. 대부분 중고등학생의 생활이 비슷합니다. 전략적으로 공부할 필요가 있습니다.

가장 먼저 해야 할 일은 공부의 우선순위를 정하는 것입니다. 지금 내가 가장 약한 과목이 무엇인지, 이번 주 수행평가는 어떤 과목이 있는지, 숙제는 없는지 등을 스스로 정리하고 어느 과목에 시간을 어떻게 투자할지 계획해야 합니다. 이때 모든 과목을 매일 완벽하게 공부할 수는 없으니 지금 당장 가장 필요한 것부터 집중적으로 시간을 사용하는 거죠.

다음은 간단한 체크리스트입니다. 순서대로 적으면 좋겠지만 생각나는 대로 적고 거기에 순위를 쓰고 그 순위에 따라 체크하면 됩니다. 예를 들다 보니 체크리스트 항목이 6개인데 4~5개 정도가 적절합니다. 그보다 많으면 부담스러울 수 있습니다. 해야 할 일의 수를 줄이는 대신 반드시 체크리스트에 있는 항목은 그날 해야 한다는 것을 명심해

오늘 할 일		순위	할 일 체크
국어 수행평가 (자료 찾기)	• 언제까지? • 오늘은 어디까지?	4	☐
학원 숙제	• 수학 학원 숙제 　• 23~30쪽 문제 풀기	1	☑
	• 영어 학원 숙제 　• 영어 단어 50개 암기	3	☐
	• 국어 학원 숙제 　• '운수 좋은 날' 읽기	2	☐
오늘 수업 정리	• 가장 어려웠던 과목 교과서 다시 읽기	5	☐

야 합니다.

학습할 때 절대 빠져서는 안 되는 것이 반복입니다. 인간의 뇌는 한 번 배운 내용은 쉽게 잊습니다. '에빙하우스의 망각곡선'에 따르면 사람은 하루가 지나면 배운 것의 절반 이상을 잊어버린다고 합니다. 그래서 배운 내용을 잊어버리기 전에 짧게 자주 반복하면서 복습하는 것이 중요합니다. 오늘 배운 내용을 오늘 밤에 10분 동안 요약해 보고 3일 뒤 다시 한번 정리하고 1주일 뒤 다시 문제를 풀어 보는 식으로 반복하는 겁니다.

이때 **공부를 효율적으로 할 수 있도록 돕는 멋진 도구가 있습니다. 그것이 바로 학습 내용이 정리된 노트입니다.** 정리 노트는 수업 시간에 배운 내용을 보기 좋게 정리하는 것이 아닙니다. 그보다 수업 내용을 떠올리고 그것을 정리하면서 다시 한번 머릿속으로 그 내용을 복습하고 필요할 때마다 반복하면서 볼 수 있게 하는 복습 도구입니다. 선생님이 가르쳐 준 대로 혹은 교과서에 있는 내용을 그대로 옮겨 적는 것이 아니라 내가 이해하고 정리하는 대로 필기해야 합니다.

노트 정리의 핵심은 '내가 이해한 방식대로 다시 설명할 수 있도록' 정리하는 것입니다. 고려의 정치 제도를 배웠다면 교과서에 쓰인 대로 고려 정치 제도의 내용을 옮겨 적는 것이 아니라 그것을 읽고 이해한 뒤 스스로 설명하는 방식으로 정리하는 것이 좋습니다.

시간 싸움에서 이기기 위해서 또 한 가지 중요한 것은 꾸준함입니다. 한 번에 네다섯 시간씩 공부하는 것도 좋지만 **30분이라도 꾸준히 복습하고 정리할 때 더 많은 내용을 더 오래 기억할 수 있습니다.** 앞에서 보여드린 체크리스트를 만드는 것도 좋지만 시중에서 구할 수 있는 모트모트 스터디 플래너를 이용하는 것도 좋습니다. 365일짜리보다는 30일이나 100일 같은 좀 얇은 스터디 플래너를 활용할 것을 추천합니다. 학생들은 너무 두꺼우면 부담스럽게 느끼더라고요. 모트모트 스터디 플래너가 아니어도 대부분의 스터디 플래너가 비슷하니 어떤 제품이든 좋습니다. 타이머 기능을 함께 사용해서 실제 공부 시간이 얼마나 되는지 체크하는 것도 좋습니다. 휴대폰의 타이머 기능으로 체크해도 되지만 휴대폰을 활용하면 많은 학생이 자제력을 잃고 휴대폰으로 공부 외의 것을 하는 경우가 많아서 휴대폰의 타이머 기능은 추천하지 않습니다.

공부에 대한 약속을 지켰다면 보상을 해 주어야 합니다. 보상의 내

Ⅲ. 고려의 성립과 변천

01. 고려의 건국과 정치 변화

(2) 고려, 통치체제를 정비하다.

  1) 중앙정치제도

   ① 중국으로 부터 받아들인 제도

    ㉠ 당의 3성 6부제 → 고려 실정에 맞게 운영
      (중서성과 문하성 합하여 운영)
      ＋ 합의제 방식의 도병마사와
      식목도감

   ② 독자적 제도

    ㉠ 도병마사 : 국방과 군사문제 논의 ⎤ 귀족중심의
    ㉡ 식목도감 : 제도와 시행규칙 제정 ⎦ 고려정치

   ③ 기구의 역할

    ㉠ 중서문하성 : 최고관서, 문하시중을 중심으로 국정 총괄 ⎤ 정책 논의 기관
    ㉡ 중추원 : 군사기밀, 왕명의 출납담당 ⎦
    ㉢ 상서성 : 실무행정을 6부로 나누어 중추원 통해 받은 왕명 집행
    ㉣ 어사대 : 관리 감찰
    ㉤ 삼사 : 국가 재정의 출납과 회계 업무 처리

   ④ 황제국 체제를 지향한 고려

    왕건 청동상 : 머리에 황제가 쓰는 통천관 표현, 황금장식 육대 착용

      → 고려 국왕이 황제로 받들여지고 있었음 추측

    ⎡ 건국초기부터 국왕을 '해동천자', 황제와 같이 조서. 칙서 등으로 명령
    ⎣ 황제처럼 연호사용. 개경을 황도라 칭함. 관청이름, 장관 명칭들 중국과 같은용어사용

      ↳ 고려가 황제국을 지향하였다는 근거

고려 정치 제도를 설명하는 노트 정리

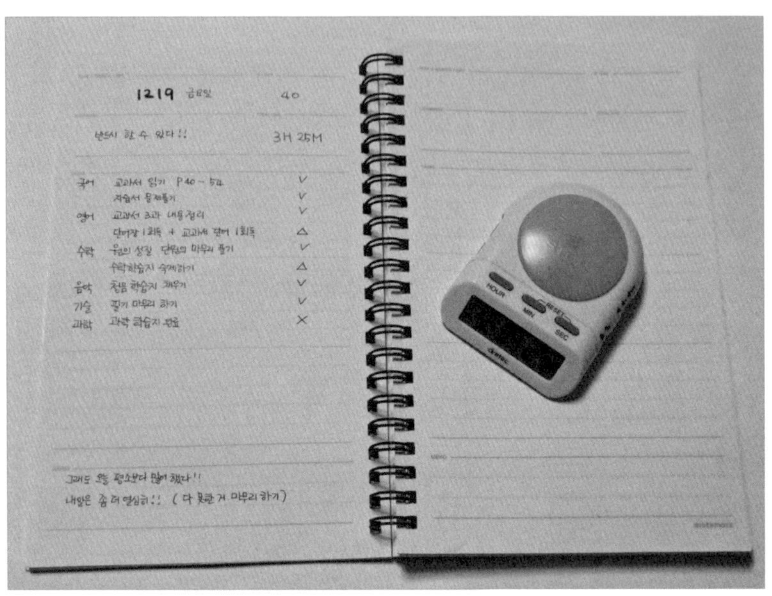

모트모트 스터디 플래너, 타이머

용은 아이들마다 다를 겁니다. 아이가 가장 좋아하거나 필요할 만한 것으로 타협해서 꾸준하게 공부하게 해 주세요. 보상을 할 때는 기간을 너무 길지 않게 해서 목표를 달성할 수 있겠다는 생각이 들도록 해야 합니다. 너무 과한 보상이 아니어도 좋습니다. 오히려 지나치게 큰 보상은 매번 유지하기도 어렵고, 보상 자체에만 집착하게 만들 수 있습니다. 한계를 정해 두고 그 범위 안에서 아이와 충분히 의논해서 정하면 됩니다. 이외에도 어떻게 하면 효율적으로 시간을 사용할 수 있을지 생각해 보고 효율적으로 공부할 수 있는 방법을 터득하면 좋겠습니다.

노트를 정리할 때 명심할 점

노트 정리는 교과서 내용을 옮겨 적는 행위가 아니라 내가 공부할 자료를 내가 직접 만드는 것입니다. 시험 기간이 되면 학생들은 학원에서 나누어 주는 수많은 자료를 공부합니다. 간혹 소화도 못할 만큼의 두꺼운 자료를 가져와서 이걸 언제 다 보냐고 투덜대는 학생들도 있습니다. 학원에서 나눠 주는 자료가 나쁘다는 것은 아닙니다. 다만 그것을 공부하는 학생들의 모습을 살펴볼 필요가 있습니다.

학원에서 나눠 준 자료로 공부하는 학생들에게 교과서는 한 번이라도 읽어 봤냐고 물어보면 다들 "아니요"라고 대답합니다. 그러면 그 자료들의 내용을 다 이해하고 있냐고 물으면 그건 아닌데 혼자서 교과서를 보면서 정리하지 못하니 학원에서 나눠 준 자료라도 봐야 할 것 같아서 본다고 이야기합니다. 그렇게 공부하면 안 됩니다. 자신의 학습 수준과 속도, 이해도를 고려하지 않은 채 주어진 자료만 무작정 따라가서는 그 내용을 제대로 이해할 수 없습니다.

노트를 정리한다는 것은 교과서의 내용을 읽고 그 내용을 충분히 이해한 다음 **교과서의 내용을 어떻게 도식화할 것인지, 교과서의 어떤 부분을 정리하고 어떤 부분을 뺄 것인지, 새로 알게 된 내용은 어떻게 또 정리할 것인지 고민하는 과정을** 의미합니다. 공부에 대해서 고민한다는 것은 스스로 주체적으로 공부하고 있다는 의미이기도 합니다. 이 과정이 곧 자기주도적 태도를 기르는 핵심 과정입니다.

학습 습관이 제대로 자리 잡히지 않았거나 노트 정리가 익숙하지 않으면 어떤 내용을 노트에 정리해야 할지 막막하고 노트에 정리하는 시간이 오래 걸려 비효율적이라 느낄 수 있습니다. 하지만 그 과정을 거쳐야 공부가 됩니다. 예쁘고 깔끔하게 공부를 할 수 없습니다. 무슨 일이든 처음 하면 다소 비효율적이고 실패를 반복할 수밖에 없습니다. 하지만 그 과정에서 느끼거나 깨닫는 것이 분명히 있습니다. 공부도 마찬가지입니다. 다소 거칠고 비효율적이라도 그 과정을 통해서 스스로 효율적인 공부 방법을 찾을 수 있습니다. 그러니 처음에는 다소 비효율적으로 느껴져도 그 과정을 거쳐야 합니다. 고등학생이 되면 더 시간이 없을 테니까요.

교과서를 읽고 내용을 정리해야 한다고 생각하면 교과서를 읽을 때 태도가 달라질 수밖에 없습니다. 교과서를 읽으라고 하면 소설책을 읽듯이 교과서를 줄줄 읽을 가능성이 큽니다. 실제 중학교 1학년 학생들이 교과서를 어떻게 공부해야 하냐고 질문했을 때, '교과서를 읽어야 한다'고 했더니 5분 만에 소설책처럼 줄줄 읽고 "선생님, 이렇게 공부하는 거 맞아요?"라고 한 적이 있습니다. 그 뒤로는 교과서를 읽되 어떻게 하면 이해해서 이것을 정리할 수 있을지 생각하면서 읽으라고 합니다. 교과서의 내용을 정리해야 한다고 생각하며 읽으면 교과서를 읽을 때의 태도가 조금 달라집니다. 그것을 어떻게 정리해야 할지 고민하게 되거든요.

이때 가장 중요한 것은 '왜'라는 태도입니다. 그래야 교과서를 읽으면서 답을 찾을 수 있기 때문입니다. **'왜' 교과서에서 이 개념을 설명하고 있는지, '왜' 이 내용이 교과서에서 이 순서로 정리된 건지, '왜' 교과서에**

1. 다양한 세계

1. 세계 여러 지역은 어떤 차이가 있을까?

(1) 세계의 다양한 지형

1) 지형 : 지표의 생김새, 땅의 형태

2) 지형 형성 작용 : 지각운동, 침식·운반·퇴적 작용 등

3) 지형의 특징 : 각 지역마다 서로 다른 지형분포

→ 지형에 따라 사람들의 생활양식도 다양하게 나타남

Ⓐ 산지 지역 : 해발고도가 <u>높고</u> 대체로 경사가 <u>급함</u>

→ 인간이 거주하기 <u>불리</u>

Ⓑ 평야 지역 : 넓고 평탄함

→ 기후조건이 적절한 경우 <u>농업</u> 발달

Ⓒ 해안 지역 : 바다가 가까이 있음

→ <u>항구</u>와 <u>수산업</u> 발달

교과서를 보고 쓴 노트 필기

서 이것을 질문하고 있는지 등을 생각하면서 교과서를 읽으면 교과서를 어떻게 읽고 공부해야 할지 가늠할 수 있습니다. 그렇게 교과서를 꼼꼼하게 읽은 뒤에 학원에서 제공하는 자료를 보면 그 자료가 어떤 흐름으로 어떻게 정리되었는지 이해하고 공부하기 쉽습니다. 자료의 양이 많아도 두렵지 않겠지요. 노트 정리는 교과서를 꼼꼼하게 읽는 것부터 시작됩니다. 어떻게 읽고 정리해야 노트에 적은 양을 쓰면서 교과서 내용을 다 담을 수 있을지 고민하며 교과서를 읽어야 합니다.

노트 정리는 효율적으로 해야 합니다. 필기 자체를 많이 하지 않는 요즘 학생들에게 필기를 하라는 것만으로도 부담스러울 수 있기 때문입니다. 어떻게 하면 공부한 내용을 효율적이면서도 간단하게 정리할 수 있을까를 생각합니다. 이미 알고 있거나 직관적으로 이해가 가능한 것들은 굳이 필기할 필요 없습니다. 도표나 그림 등의 다양한 형태를 활용해서 최대한 간단하게 정리해야 합니다.

노트를 정리하면서 내가 아는 것과 모르는 것을 좀 더 잘 구분하고 모르는 것이 있다면 그것을 제대로 공부할 수 있습니다. 내가 아는 것을 탄탄히 다진 후에 문제를 풀면서 제대로 알고 이해했는가를 확인합니다.

노트를 정리하며 교과서와 프린트, 문제집 등 여기저기에 흩어져 있던 정보를 자신이 이해하기 쉬운 구조로 다듬습니다. **노트 정리란 여기저기에 산발적으로 어질러져 있던 머릿속의 정보를 깔끔하게 정리하는 과정입니다. 자기주도 학습을 잘하는 학생들은 대체로 노트가 깔끔하게 정리되어 있거나 최소한 자신만의 규칙이 담긴 노트를 갖고 있습니다.**

노트 정리는 공부의 끝이 아니라 시작입니다. 노트를 정리하면서 자신이 무엇을 알고 무엇을 모르는지를 파악하고 이를 바탕으로 학습계획을 세울 수 있다는 생각으로 노트를 정리해야 합니다.

노트 단권화하기

학생들이 시험공부하는 모습을 보면 교과서, 프린트, 문제집이나 자습서 등 책상이 부족할 만큼 여러 자료를 잔뜩 펼쳐 놓고 공부합니다. 그런데 필요할 때마다 여러 자료를 펼치며 공부하는 모습이 공부에 집중하는 데 도움이 되는 것 같지 않습니다. 효율적으로 공부하려면 단권화하는 것이 좋습니다. **단권화는 한 권의 책으로 만든다는 의미로 여러 자료를 모아 한 권의 정리 노트를 만드는 것입니다.**

단권화를 반드시 노트에 할 필요는 없습니다. 교과서나 노트 중 자신이 공부하기에 편한 것을 골라 그것을 단권화하면 됩니다. 학교 수업은 대체로 교과서를 중심으로 이루어지고 평가도 교과서 내용을 기반으로 출제하니 교과서를 중심으로 단권화하면 표나 사진, 그래프 등의 자료를 떠올리기 좋습니다. 하지만 내용을 정리할 여백이 적고, 교과서에서 문장으로 서술하는 내용이 한눈에 들어오지 않는다는 단점이 있습니다. 과목 특징이나 영역에 따라 다르지만 가능하면 교과서의 내용을 얼마나 이해했는지 확인도 할 겸 교과서보다 노트에 단권화하는 것을 추천합니다. 그래야 스스로 정리하면서 공부하기가 좋습니다.

특히 국어, 사회, 역사, 과학 과목처럼 개념이 많고 정리할 내용이 다양한 과목은 노트에 단권화하는 것을 추천합니다. 그렇다고 다른 과목은 단권화하지 못한다는 의미는 아닙니다. 과목별 노트 정리에 대해서는 뒤에서 다시 다루도록 하겠습니다.

노트 정리를 하라고 하면 간혹 초등학교 때 배움 노트를 작성하던 것처럼 한 권에 여러 과목을 정리하는 학생들이 있습니다. 노트를 검사하다가 깜짝 놀라서 왜 이렇게 정리했냐고 물었더니, 초등학교 때 그렇게 배움 노트를 작성해서 같은 방식으로 썼다고 대답했습니다. 중학생 이상의 학생들에게는 한 권에 모든 과목을 정리하는 것을 절대 추천하지 않습니다.

중학교는 교과목별로 선생님이 다릅니다. 그 말은 평가 계획도 필기 방법도 수업 방식도 과목마다 선생님마다 모든 것이 다르다는 의미입니다. 그런데 한 권의 노트에 여러 과목의 내용을 정리해 필기가 섞이면 나중에 공부하기가 매우 어렵습니다. **중등부터는 노트를 작성할 때 과목별로 따로 단권화해야 각 교과 수업 흐름에 맞춰 체계적으로 정리할 수 있고 나중에 복습하거나 시험을 준비할 때도 훨씬 효율적입니다.**

단권화 노트에는 교과서에서 다루는 개념과 내용, 수업 시간에 강조한 내용과 필기, 프린트의 내용이 모두 담겨야 합니다. 이해가 안 되거나 부족하게 느껴지는 부분은 자습서나 문제집 등을 참고해 공부한 뒤 그 내용을 노트에 추가로 정리합니다. 관련 문제를 풀고 틀렸다면 노트 정리한 것을 다시 살핀 뒤 필요한 내용을 함께 정리해 둡니다. **단원**

별로 가장 중요한 것은 학습 목표이니, 학습 목표를 중심으로 빠뜨리지 말고 정리합니다. 교과서나 프린트에 제시된 그림이나 그래프 등 시각적 자료가 있다면 복사하거나 그려서 함께 정리합니다. 이렇게 정리하려면 처음 필기할 때 공간을 넉넉하게 써야 하겠지요?

노트 정리가 끝나면 교과서, 프린트 등과 비교하며 빠진 내용이나 잘못 이해한 부분이 없는지 반드시 다시 확인해야 합니다. 이후에는 인강을 듣거나 문제집을 풀면서 필요한 내용을 보완해 나가면 됩니다. 공부할수록 노트 필기의 양은 늘어납니다.

꼭 기억할 것은 교과서나 교재에 있는 모든 내용을 다 옮겨 적는 것이 아니라는 점입니다. 최대한 효율적으로 정리해야 합니다. **핵심어를 중심으로 명사형으로 최대한 간단하게 정리**합니다. 서술어를 그대로 쓰면 글이 늘어집니다. 명사형으로 해야 글이 간략하게 느껴집니다. 핵심어들이 어떤 관계에 있는지 화살표 등의 다양한 기호를 사용하는 것도 좋습니다. 기호를 사용하면 개념 간의 관계도 이해하기 쉽습니다.

저만 그럴지 모르겠는데 파스타 가게에서 셰프가 만들어 주는 파스타는 근사하고 맛있어 보이는데, 집에서 만드는 파스타는 아무리 애를 써도 그런 느낌이 나오지 않더군요. '그 둘의 차이가 무엇일까?' 생각해 보았습니다. 물론 솜씨의 차이가 가장 크겠지만 접시의 여백 차이도 영향이 있다는 생각이 들었습니다. 파스타 가게에는 커다란 하얀 그릇 한가운데 파스타를 예쁘게 담아 주는데 저는 작은 그릇에 파스타가 꽉 차게 담거든요.

노트 정리도 비슷합니다. 노트를 쓸 때 여백이 남는 것이 아깝다고 노트에 빈틈을 남기지 않고 빽빽하게 정리하는 것은 금물입니다. 그러면 제가 만든 파스타처럼 될지도 모릅니다. 시각적 요소는 매우 중요합니다. 여유롭게 플레이팅된 파스타가 더 근사하고 맛있어 보이는 것처럼 **여백이 넉넉한 노트가 시각적으로도 보기 좋고 복습할 때도 부담이 적습니다.** 노트는 정보를 담는 도구이지만 그 정보를 얼마나 보기 좋게 '잘' 담는가에 따라 노트의 내용이 눈에 들어오는 정도가 달라집니다. 게다가 노트 필기를 할 때는 나중에 보충 설명을 덧붙일 수도 있으므로 반드시 여백을 남겨야 합니다.

노트 정리를 할 때 단권화해야 한다고 해서 처음부터 완벽하게 하려고 애쓰지 않아도 됩니다. 처음에는 노트 정리를 하면서 시행착오를 겪고 실수도 할 수 있습니다. 그런 과정을 거치면서 점차 자신만의 단권화 방법을 익히고 정리하는 속도도 빨라질 겁니다.

노트를 정리하는 방법은 다양하지만 가장 중요한 것은 꾸준히 노트를 정리하면서 자신에게 가장 적절한 방법을 찾아가는 것입니다. 그렇게 쌓은 노트는 공부를 든든하게 뒷받침해 주는 소중한 자산이 될 겁니다.

사람마다 인지구조가 다르다

다음 페이지에서 소개한 두 개의 노트 필기는 똑같은 교과서 내용을 학생들에게 필기시키고 난 뒤의 결과물입니다. 분명히 저는 동일한 교과서로 같은 부분을 수업했고 판서 역시 동일했습니다. 똑같은 선생님에게 똑같은 수업을 들었지만 두 학생의 필기 방식은 미묘하게 다릅니다. 다른 학생들도 마찬가지입니다. 수업 중 판서를 따라 적었기 때문에 전체적인 내용은 비슷해 보일 수 있지만 한 글자도 틀리지 않게 동일한 노트를 정리한 학생은 단 한 명도 없었습니다.

왜 같은 것을 보고 듣고도 학생마다 필기 내용이 달라졌을까요?

그 이유는 바로 인지구조의 차이 때문입니다. 사람들은 모두 다 자신만의 인지구조를 가지고 있습니다. 인지구조란 지식을 저장하고 연결하는 뇌 속의 지식 지도로, 각자의 사고방식과 학습 스타일을 보여주는 정신적인 틀입니다. 이 틀이 사람마다 달라서 같은 내용을 접하더라도 그것을 이해하고 정리하는 방식은 사람마다 달라질 수밖에 없습니다. 예를 들어 어떤 사람은 새로운 내용을 접했을 때 이를 시각적으로 정리하려는 경향이 있는 반면, 또 다른 사람은 논리적으로 정보를 나열하는 방식을 선호하기도 합니다. 이 때문에 노트 필기는 단순한 기록 행위가 아니라 학습자의 사고방식이 그대로 드러나는 거울이라고 할 수 있습니다.

인지구조는 성향과도 밀접하게 연결됩니다. 꼼꼼하고 체계적인 성향의 학생은 수업 내용을 빠짐없이 순차적으로 기록하는 방식을 선호할 것입니다. 이 학생들은 세부적인 내용까지 놓치지 않고 차근차근 정리하면서 전체 흐름을 이해하려고 노력합니다. 이렇게 노트를 작성하는 학생들의 노트는 빽빽하고 정갈합니다.

반대로 핵심적인 정보만 간결하게 요약하는 방식을 선호하는 학생

표들은 뒤에

교체: 어떤 음운이 다른 음운으로 바뀌는 현상.

음절의 끝소리 규칙: 음절 끝 위치한 자음이
`ㄱ,ㄴ,ㄷ,ㄹ,ㅇ,ㅁ,ㅂ'이 ⊗ 중 하나로 발음되는 현상
cf. `ㄱ,ㄷ,ㅂ'이 아닌 자음이 음절 끝에서 ⊗ 각각 `ㄱ,ㄷ,ㅂ'
으로 바뀌어 소리나는 경우가 (교체)에 해당.

비음화: `ㄱ,ㄷ,ㅂ'이 비음 `ㅁ,ㄴ'이 앞에서 각 비음 `ㅇ,ㄴ,ㅁ'으로
발음 되는 현상 예) 국내[궁내], 업무[엄무], 식물[싱물]

유음화: `ㄴ'이 유음인 `ㄹ'을 만나 유음 `ㄹ'로 발음되는
현상

구개음화: `ㄴ'이 유음인 `ㄹ'을 만나 유음 `ㄹ'로 발음되는 현상

된소리 되기: 예사소리 `ㄱ,ㄷ,ㅂ,ㅅ,ㅈ'이 일정한 음운 환경에서
된소리인 `ㄲ,ㄸ,ㅃ,ㅆ,ㅉ'으로 발음되는 현상.

반모음화: 모음으로 끝나는 어간 뒤에 주로 `-아/어'로 시작하는
어미가 올 때 어간의 단모음이 반모음으로 바뀌는 현상.

음운 변동의 이해

음운이 환경에 따라 달리 실현되는 현상 → 음운 변동 → (교체, 탈락, 첨가, 축약이 있음)

교체 : 어떤 음운이 다른 음운으로 바뀌는 현상

음절 끝소리 규칙 : 음절 끝에 위치한 자음 ㄱ, ㄴ, ㄷ, ㄹ, ㅁ, ㅂ, ㅇ 중 하나로 발음되는 현상.
 └ 이때 ㄱ, ㄷ, ㅂ 이 아닌 자음 음절 끝에서 각각 ㄱ, ㄷ, ㅂ으로 바뀌어
     소리나는 경우가 교체에 해당

 ─ 자음으로 끝나거나 자음 뒤에 자음이 오는 경우 → 밖(박),   숲길(숩낄)
 └ 자음 뒤에 모음으로 시작하는 실질형태소가 오는 경우 → 맛있을 (마딛쓸), 꽃위 (꼳 위)
             └→ 형식형태소가 올땐 연음으로 발음됨   밭이 (바치)

비음화 : 'ㄱ, ㄷ, ㅂ'이 비음 ㅁ, ㄴ 앞에서 각각 비음 ㅇ, ㄴ, ㅁ으로 발음되는 현상
  (└→ ㄹ은 ㄹ을 제외한 다른 자음 뒤에서 비음 ㄴ으로 바뀜 → 종로 (종노), 협력 (협녁 → 혐녁)
    └→ 국내 (궁내), 식물 (싱물), 닫는 (단는), 입무 (임무)

유음화 : ㄴ이 유음인 ㄹ을 만나 유음 ㄹ으로 발음되는 현상
ㄹ이 ㄴ 앞에 있는 경우 → 칼날 (칼랄), 실 내화 (실래화)←
ㄹ이 ㄴ 뒤에 있는 경우 ㄱ 린리   (필리), 산림 (살림)

구개음화 : 끝소리가 ㄷ, ㅌ인 형태소가 모음 ' ㅣ'나 반모음 j 로 시작하는 형태소를
     만나 구개음인 ㅈ, ㅊ으로 발음되는 현상
     굳이 (구지), 해돋이 (해도지), 같이 (가치), 붙여 (부쳐)

자기 나름으로 구조화한 노트 필기

들도 있습니다. 이들은 방대한 내용을 모두 옮겨 적기보다 중요한 포인트를 빠르게 파악해 핵심 키워드 몇 개로 정리합니다. 언뜻 보면 노트가 비어 있는 것 같지만 핵심적인 내용이 담겨 있습니다.

또 글보다 그림이나 도표, 마인드맵 같은 시각 자료를 활용해 정리하는 방식을 선호하는 학생도 있습니다. 이 학생들은 색연필이나 그림 등을 그려 내용을 시각화합니다. 역사를 공부할 때 사건의 흐름을 타임라인으로 그려 정리하거나 과학 실험 결과를 그래프로 표현하는 등 시각적 도구를 통해 내용을 이해하고 정리합니다.

이렇게 같은 수업을 듣거나 동일한 자료를 제공받아도 학생마다 노트의 모습은 전혀 다를 수 있습니다. 이러한 차이는 각자 인지구조의 차이에서 기인하고요. 각자의 인지구조는 자신이 가진 장점을 반영하고 노트는 그 강점이 드러나는 결과물입니다. 중요한 것은 인지구조가 다르다고 해서 노트 정리의 중요성이 줄어드는 것은 아니라는 점입니다. 오히려 **자신에게 맞는 인지 방식으로 노트를 정리하면 학습 효과는 더욱 극대화됩니다.**

지수는 꼼꼼함의 대명사인 학생입니다. 지수의 노트는 선생님의 판서뿐 아니라 설명 중간의 사례까지 빠짐없이 적혀 있었습니다. 시험 기간이 가까워질수록 지수의 노트는 점점 빽빽해졌습니다. 시험을 준비하면서 새롭게 알게 된 것들을 추가했다고 하더군요.

반대로 민주는 노트를 작성하라고 하니 마지못해 따르는 학생입니다. 노트 정리를 했다고 하기 어려울 정도로 노트가 널널했습니다. 하지만 각 단원에서 반드시 기억해야 할 포인트들은 잘 정리되어 있었습니다. 지수와 민주 둘 중 누구의 성적이 더 좋았냐고요? 꼼꼼하게 답을 써야 하는 서논술형(서술형 및 논술형으로 학생들이 답을 직접 작성하는 문항 형태) 부분에서는 아무래도 지수가 좀 더 우수한 편이었지만 전체적으로 두 학생의 성적은 거의 비슷한 편이었습니다. 결국 어떤 방식으로 노트 필기를 하느냐는 그다지 중요한 건 아니었다는 겁니다. 자신에게 맞는 노트 필기 방법을 찾는 것이 더 중요한 거죠.

노트를 정리하는 과정 자체가 이미 학습의 중요한 단계입니다. 학습 내용을 머릿속에서 한 번 더 가공해 자기 방식으로 기록하는 과정이기 때문입니다. 이때 필연적으로 정보를 분석하고 중요도를 판단하며 자신이 이해한 방식으로 재구성합니다. 이 과정은 깊이 있는 이해를 돕고 기억력을 강화합니다. 노트를 반복해서 공부하며 단기 기억을 장기 기억으로 전환시킵니다. 노트 정리는 학생들의 비판적 사고력과 문제 해결 능력을 기르는 훈련이기도 합니다. **노트를 작성하기 위한 여러 과정은 자신이 배우는 지식을 단순한 정보가 아니라 분석과 해석을 거쳐 자기 것으로 만들게 합니다.**

흥미로운 점은 인지구조가 고정되어 있지 않다는 것입니다. 사람마다 타고난 학습 스타일이 있다 하더라도 꾸준한 연습으로 충분히 발전하고 변화할 수 있습니다. 현재 사용하는 노트 필기 방식이 나에게 가장 적합한 방식이 아닐 수도 있습니다. 다양한 방법을 시도하며 자신에게 더 잘 맞는 방식을 찾아가는 과정이 필요합니다. 과목별로 적절한 전략을 세워 그에 맞게 필기하는 것도 필요합니다.

노트 정리는 자신의 사고 과정을 외부로 드러내는 도구입니다. 노트 필기는 그 학생이 어떻게 생각하고 이해했는지를 보여 주는 증거이며 이를 관찰하면 자신의 학습 과정을 객관적으로 돌아볼 수 있습니다. 노트를 통해 자신의 학습 습관과 사고 구조를 점검하고 발전시키는 거죠. **노트를 정리하는 과정은 깊은 수준의 학습을 가능하게 하며 자기주도적 학습 능력을 키우는 핵심 열쇠라고 볼 수 있습니다.**

다양해진 공부 방식,
전략도 달라야 한다

아날로그 방식 vs. 디지털 방식

요즘 학생들의 공부 도구는 점점 디지털화되고 있습니다. 중학생을 가르칠 때는 크게 느끼지 못했는데 고등학생을 가르치면서 '공부 방식이 정말 많이 달라졌구나' 하는 생각이 듭니다.

어느새 태블릿으로 문제집을 풀고 인강을 들으며 과제도 타이핑해서 제출하는 것이 익숙한 시대가 되었습니다. 제가 근무하는 고등학교에도 많은 학생들이 종이 대신 종이 질감이 느껴지는 태블릿에 필기합니다. 그 모습이 신기해 보여서 저도 따라 한 적이 있습니다. 그런데 이상하게 종이에 정리를 하면 기억이 오래 남는데 태블릿에 정리를 하면 기억이 오래 남지 않는 느낌이었습니다. 내가 나이가 들어서 그런가 싶어서 학생들에게 물어봤습니다. 그런데 학생들도 제가 느끼는 것과 비슷하게 대답했습니다.

그래서 제가 왜 태블릿을 쓰냐고 물어봤더니 이유는 단순했습니다. "그냥, 멋있잖아요."

저뿐 아니라 아이들에게도 아날로그 방식이 왜 더 오랫동안 기억에 남는지 고민했습니다. 물성이라고 하나요. 아무래도 종이에 쓰면 종이의 질감을 느낄 수 있고, 연필로 메모나 낙서 등을 할 수 있다는 점, 앞뒷장을 편안하게 넘겨 볼 수 있다는 점 등이 영향을 미칩니다. 시간이 많이 지나서 향기나 상황으로 그 언젠가의 기억을 떠올리듯이 이러한 종이의 물성은 인간의 많은 감각을 자극시켜 기억에 오래 남습니다.

또 태블릿은 분량에 제한이 없어 정해진 양에 이 내용을 어떻게 욱여넣을 것인지 고민하지 않아도 됩니다. 크기 조절도 자유롭습니다. 하지만 종이는 주어진 분량이 있어서 처음부터 어떻게 정리를 할 것인지 구상을 하고 그 안에 내용을 정리해야 합니다. 그 끙끙거리며 고민하는 과정이 한 번이라도 더 내용을 생각하게 하고, 그래서 그 내용이 더 오랫동안 기억에 남지 않나 싶습니다.

그렇다고 아날로그 방식이 무조건 더 좋다는 건 아닙니다. 아날로그 방식으로 노트를 정리하면 시간이 너무 많이 소요됩니다. 시간이 부족할 때는 디지털 방식으로 필기하는 것이 더 빠르게 정리할 수 있고 사진이나 자료 등의 자료를 정리하기가 더 수월합니다.

결론부터 말하면 아날로그 방식과 디지털 방식 모두 좋습니다. **디지털 방식은 '효율'과 '접근성' 면에서 탁월하고, 아날로그 방식은 '기억력'과**

'사고력'을 높이는 데 강력한 힘을 발휘하기 때문입니다.

아날로그 방식은 뇌를 적극적으로 자극할 수 있습니다. 필기는 사고와 연결되어 있어 손으로 정보를 정리하는 과정을 통해 자연스럽게 생각을 정리합니다. 자신의 말로 요약하고 구성하는 과정에서 그 내용이 내 것이 되는 겁니다. 특히 **내가 이해한 개념을 재구성하고 해석해야 하는 작업에서 종이 노트의 효과가 훨씬 큽니다. 글로 정리하며 스스로 질문하고 답을 찾아가는 과정은 생각하는 훈련이 되기 때문입니다.** 또, 인터넷의 연결이 없어도 언제 어디서나 노트를 사용할 수 있고, 다양하게 노트를 정리할 수 있어 접근성이 좋습니다. 하지만 분실 위험이 있고, 정리한 내용을 수정하거나 검색하기 어려우며 많은 양의 자료를 정리할 때 공간이 많이 필요하고 시간이 오래 걸립니다.

태블릿, 스마트폰 등 디지털 방식은 편리함과 확장성이 뛰어납니다. 자료를 쉽게 저장하고 복사하거나 검색하고 공유할 수 있습니다. 특히 검색 기능으로 필요한 정보를 빠르게 찾거나 인강 화면을 캡처해서 필요한 부분을 정리하는 등 시각 자료를 첨부할 때 활용도가 매우 좋습니다. 클라우드 기능을 이용하면 분실 위험이 적고 사진이나 동영상 등 다양한 멀티미디어 자료를 쉽게 첨부할 수 있어 학습 자료를 체계적으로 관리하고 공유할 수 있습니다. 과목별로 자주 반복해서 확인해야 하는 개념이나 오답을 관리할 때도, 엑셀이나 메모 앱을 이용하면 체계적으로 관리하고 쉽게 찾을 수 있습니다.

그러나 디지털 기기에 익숙하지 않으면 초기 적응에 시간이 오래 걸리고 기기가 고장이 나거나 배터리나 인터넷 연결 문제 등이 발생할 수 있습니다. 또 디지털 기기를 사용하다 보면 학습과 관련 없는 사이트나 동영상을 시청하게 되어 학습에 집중을 못할 수 있습니다.

깊이 있는 이해가 가능한 아날로그 방식과 빠른 정보 처리와 체계적인 관리가 가능한 디지털 방식은 어느 한쪽이 절대적으로 더 낫다고 말할 수 없습니다. 아날로그 방식과 디지털 방식은 서로를 보완할 수 있습니다. 각각의 장단점을 파악해서 자신에게 맞는 정리 방식을 찾아야 합니다.

학생들에게 노트 정리를 시키다 보면 간혹 태블릿에 정리하면 안 되냐고 질문하는 학생들이 꽤 있습니다. 그럴 때마다 저는 정답은 없지만 태블릿에 필기하는 것보다 가능한 노트에 직접 정리하는 방식을 추천한다고 대답합니다. 집중력이나 학습력이 뛰어난 일부 학생을 제외하고는 디지털 기기를 사용하다가 공부가 아닌 엉뚱한 곳으로 빠지는 경우를 많이 보기 때문입니다.

저는 절제력이 꽤 강한 편입니다. 그런 저도 디지털 기기로 무언가를 하다 보면 원래 제가 목표했던 것이 아니라 엉뚱한 영상이나 글을 보고 있는 경우가 잦습니다. 어른인 저도 그럴진대 청소년들이 디지털 기기로 공부만 하는 것은 결코 쉽지 않을 겁니다. 자신이 스스로 절제력이 강하다는 생각이 들지 않는다면 유혹에 빠지기보다 아예 원인을 차단하는 것이 좋습니다.

아날로그 방식과 디지털 방식은 각각의 장단점이 분명해서 전략적으로 활용하는 것을 추천합니다. 예를 들어 **수업 중에는 노트에 아날로그 방식으로 정리하고 집에 가서 다시 정리할 때는 디지털 방식으로 정리하**

항목	아날로그 방식	디지털 방식
기억력	높음(손 쓰기)	낮을 수 있음
정리 속도	느림	빠름
검색/분류	수작업 필요	빠름
시각 자료 활용	어려움	이미지/영상 삽입 가능
지속성	유지 쉬움	기기 문제 시 위험

는 것입니다. 어떻게 공부하는 것이 효율적일지 다양하게 시도한 다음, 두 방식을 적절히 혼합하여 사용하면 효과적으로 노트를 정리할 수 있습니다.

아날로그 방식을 사용하든 디지털 방식을 사용하든 가장 중요한 것은 '내가 주도적으로 학습하고 있는가, 그리고 그 과정을 어떻게 기록하고 정리하고 있는가'입니다. 어디에 기록하고 정리하는가는 부차적인 문제입니다.

인강을 들으면서 필기하기

시간과 장소에 구애받지 않고 언제든 들을 수 있다는 장점 때문에 인강을 듣는 경우가 많습니다. 그런데 열심히 들었는데 나중에 인강의 내용이 기억나지 않는다고 하는 학생이 많습니다. 인강을 얼마나 오래 들었는지보다 중요한 점은 인강을 듣는 동안 얼마나 집중했는지 그리고 그 내용을 어떻게 활용했는지입니다. 그에 따라 학습의 결과가 달라질 수 있습니다.

코로나 기간, 온라인 수업을 하면서 가장 크게 느낀 점은 대면 수업과 비대면 수업의 학습 효과가 확연하게 차이가 난다는 것입니다. 교실에서 선생님과 마주 보며 수업을 들을 때는 자연스럽게 질문도 하고 눈을 마주치며 집중합니다. 집중하지 않으면 선생님이 즉각적으로 지도를 할 수도 있지요.

비대면 수업은 화면 속 선생님의 강의를 듣는 방식입니다. 아무리 실시간으로 수업한다고 해도 직접 만나서 수업하는 것만큼 학생들을 가까이서 지도하거나 집중시키기 힘듭니다. 수업을 들을 때도 비대면 수업은 시각과 청각 외에 다른 자극이 거의 없고 상호작용도 제한되어 있어 주의가 쉽게 흐트러지고 몰입도가 낮을 수밖에 없습니다.

하물며 비대면 수업인데다 수업 중에 질문도 할 수 없고 내가 수업에 잘 따라가고 있는지를 확인해 줄 사람도 없는 인강은 집중하기가 더욱 힘들겠지요. 스스로 집중하고 정리하는 등 능동적인 학습 태도가 없으면 인강으로 공부하는 것은 그저 영상을 '보는 것'으로 끝나버리기 쉽습니다. 영화를 보고 나서 대략적인 줄거리는 기억나지만 세부 장면이나 대사는 쉽게 잊히는 것과 비슷합니다.

인강은 선생님과 소통이 없는 일방향 수업입니다. 대면으로 수업하는 것보다 훨씬 고도의 집중력을 요구합니다. 사람은 동일한 자극을 오랫동안 받으면 자극에 대한 예민함이 떨어집니다. **인강을 들으며 집**

다시 앞으로 돌려서 듣기도 하면서 질문에 대한 답을 찾아 나가야 합니다.

　인강에 따라 교재가 있기도 하고 없기도 합니다. 교재가 있는 것은 교재와 함께 보며 정리하고, 교재가 없는 것은 인강의 내용을 필기하면서 들어야 합니다. 인강 내용을 필기하는 것은 수업 시간 강의 내용을 필기하는 것과 차이가 없습니다. 옆 페이지의 사진은 제가 아이와 함께 '빡공시대'라는 세계사 인강을 들으며 필기한 것입니다. 강의 중에 선생님이 그려 준 지도도 따라 그리고 강의 내용도 나름대로 정리했습니다. 오랜만에 듣는 세계사 강의라 낯선 내용이 많았지만 필기를 했더니 이해가 한결 수월했습니다. 필기한 것을 보고 다시 내용을 복기하면서 정리가 안 되는 부분은 다시 인강을 보면서 보완했습니다. 나중에 시간이 지나고 다시 봤을 때 필기한 것만 봐도 강의 내용이 떠오르더군요. 인강을 들을 때도 필기의 중요성을 새삼 느낄 수 있었습니다.

　인강은 수업 전 예습 용도로 활용하기를 추천합니다. 강의를 듣다가 헷갈리는 부분이나 재미있었던 부분들이 있다면 옆에 '이 부분은 헷갈림', '선생님이 든 예시가 재미있었음' 등을 적어 둡니다. 학교에서 수업을 들으면서 인강에서 이해가 어려웠던 부분은 좀 더 집중해서 듣고, 그래도 이해가 되지 않으면 선생님께 질문합니다. 이렇게 하면 대면 강의와 비대면 강의의 장점을 모두 다 취할 수 있습니다.

중을 잘하려면 필기하는 것이 효과적입니다. 손을 움직이는 행위는 뇌를 깨우고 집중을 이어가는 데 효과적인 방법입니다.

인강은 듣는 공부가 아니라 그 내용을 정리하며 이해하는 공부여야 합니다. 필기를 하면 인강의 내용을 구체화할 수 있습니다. 그 내용을 내가 어느 정도로 이해했는지도 점검할 수 있습니다. 인강의 가장 큰 장점은 강의의 속도를 선생님의 속도가 아니라 나의 속도에 맞게 조절할 수 있다는 것입니다. 수업을 들으면 자신의 이해 속도에 맞게 강의 속도를 맞춰 달라고 하기 어렵지만 인강은 그것이 가능합니다.

이 장점을 얼마나 잘 활용하느냐에 따라 인강의 효과가 크게 달라질 수 있습니다. 인강은 언제든 반복해서 들을 수 있어 얼마나 빨리, 많이 듣는가보다 얼마나 정확하게 이해하는가가 더 중요합니다. 필기가 필요하지 않거나 이미 아는 부분이라면 그 부분은 넘기거나 1.5배속이나 2배속으로 속도를 빠르게 들으며 시간을 절약합니다. 반대로 처음 듣는 내용이거나 개념이 어려운 단원이나 이해가 되지 않는 부분은 속도를 느리게 하거나 중간에 잠깐씩 멈추며 이해하고 듣습니다.

이해가 되지 않는데도 강의를 계속 듣기만 하면 나중에 다시 공부해야 할 양만 늘어납니다. 인강은 모르는 부분은 천천히, 아는 부분은 빠르게 학습할 수 있도록 스스로 조절할 수 있는 그야말로 자기주도가 가능한 공부 방법입니다. 원래 강의 시간보다 더 오랜 시간이 걸려도 그 내용을 완전히 이해하고 자신의 언어로 핵심을 정리하는 것이 훨씬 더 깊이 있는 학습 방법입니다. **인강을 듣는 동안 '왜 그렇지?', '어떻게 연결되지?'와 같은 질문을 스스로에게 던지며 인강을 잠깐 멈추기도 하고**

을 위해 근거자료를 찾을 때마다, 이 아이들은 글자를 읽고 쓰는 것보다 시청각 자료를 통해 정보를 보고 듣는 방식에 훨씬 익숙한 세대라는 사실을 새삼 느끼게 됩니다.

이런 환경에서 자란 학생들에게 손으로 글씨를 쓰는 일은 익숙하게 느껴지지 않습니다. 스마트폰 화면에 메시지를 입력하거나 음성으로 명령을 내리는 것은 빠르고 편하지만 상대적으로 연필을 쥐고 종이에 글자를 적는 행위는 더디고 불편합니다. 그래서일까요? 필기하는 양이 많아질 때마다 투덜거리는 학생들이 많습니다.

"인터넷에서 관련 내용을 검색해서 'Ctrl +C', 'Ctrl +V'를 하고 싶어요"라고 하면서 글 쓰기 싫어하는 티를 팍팍 내는 학생들도 있고 "선생님, 컴퓨터로 작성하면 안 돼요?", "선생님 프린트로 만들어서 나눠주시면 안 돼요?"라는 학생도 있습니다. 그때마다 저는 "응, 안 돼. 필기해"라고 대답합니다. 저는 몸을 써서 활동하지 않으면 그 내용을 충분히 익힐 수 없다고 생각하거든요. 그래서 가능하면 학생들이 직접 글을 쓰면서 익힐 수 있도록 하려고 애씁니다.

예전에는 수업 내용을 따라가려면 필기를 해야 했습니다. 너무 옛날이지만, 제가 중학교 때 국어 수업을 들을 당시 선생님께서 중요한 단어가 나오거나 필기를 해야 할 때 밑줄을 그으라고 하셨습니다. 저는 자를 대고 줄을 긋고 선생님이 쓰라고 하는 내용을 받아썼습니다. 그렇게 국어 교과서가 빽빽할 정도로 읽고 쓰고 필기했던 기억이 납니다. 그때는 왜 줄을 긋고 이런 걸 받아써야 하나 생각했는데, 그러한 과정들이 쌓여서 글을 읽는 방법을 자연스럽게 익히게 되었다고 생각합니다. 국어뿐 아니라 다른 과목도 비슷했던 것 같습니다. 노트도 준비해서 필기도 빽빽하게 했습니다. 그런데 지금은 그렇게까지 하기 쉽지 않습니다.

디지털 기기가 발달하면서 학습 방식도 달라졌습니다. 학습 태블릿이나 스마트폰에서 흘러나오는 음성 안내를 따라 화면을 터치하거나 터치 펜만으로도 수업이 진행되다 보니, 종이 위에 글을 쓰는 활동 자체가 줄었습니다. 그보다는 영상을 듣고 따라 하는 활동이 더 많아졌습니다. 그런 과정이 누적되면서 학생들은 글로 쓰는 것보다 듣는 것에 더 익숙해지게 되었습니다.

수업할 때도 자주 느낍니다. 학생들에게 동기를 유발하려고 영상을 보여 주면 집중하지만 막상 자신의 생각을 글로 쓰거나 표현하라고 하면 집중력이 급격히 떨어지고 흥미를 잃는 모습을 보입니다. 어떤 학생은 수업 내내 필기구조차 쥐지 않고 듣고만 있는 경우도 있습니다.

중학생이 뽑은 국어 교과서에서
가장 어려운 단원

중학교 1학년 국어 수업을 마무리하면서 학생들에게 가장 어려웠던 단원이 무엇이었는지 물어보았습니다. 저는 당연히 학생들이 '문법' 단원을 가장 어려워할 줄 알았습니다. 문법은 암기할 내용도 많고 이를 실제 사례에 적용하며 이해하려면 암기만 해서는 부족하기 때문입

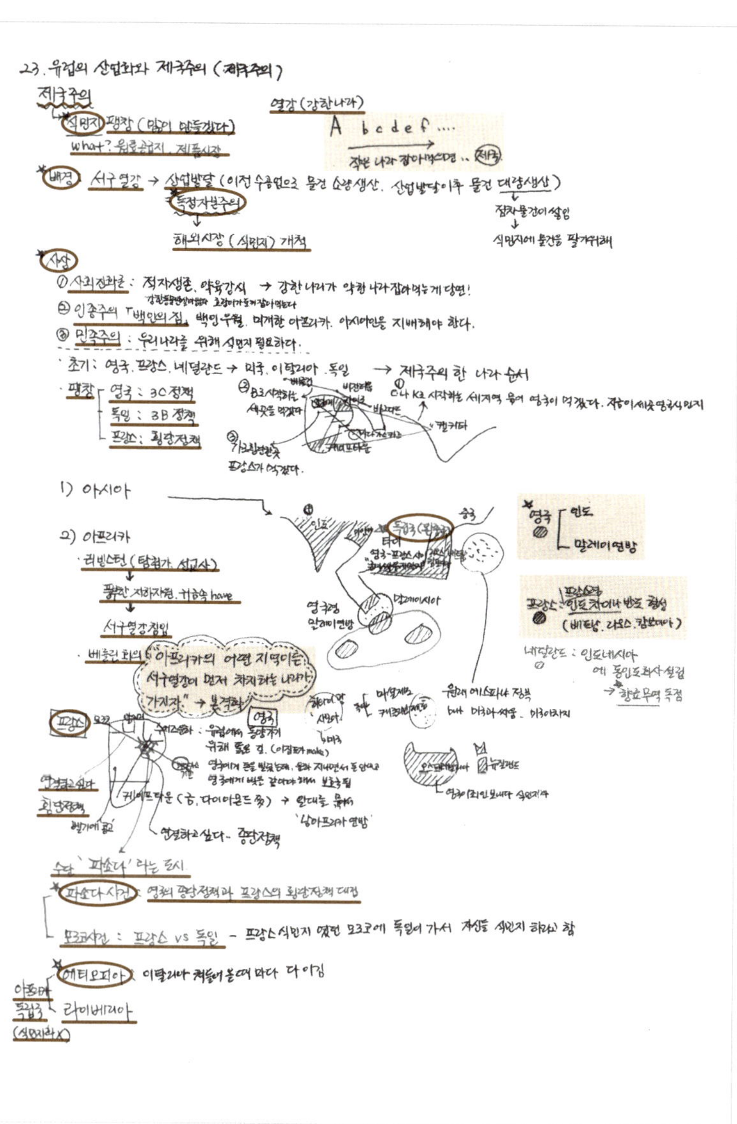

빡공시대 인강을 듣고 쓴 노트 필기

수행평가와
노트 필기의
상관관계

생각을 정리하는 노트 필기

수행평가는 지필평가만큼 중요한 요소로 자리 잡았습니다. 결과 중심인 지필평가와 달리 수행평가는 학생이 어떤 과정을 거쳐 학습했는지를 관찰하고 평가하는 과정 중심의 시험으로 학생 개인의 학습 태도, 탐구 과정, 문제 해결 능력, 표현력 등을 종합적으로 평가하는 과정 중심의 평가입니다. 이 말은 수행평가는 곧 평소 공부 태도와 습관과 연결된다는 의미입니다.

수행평가는 학생이 어떤 '과정'을 통해 학습했는지를 평가합니다. 시험 당일의 성과를 중시하는 지필평가와 접근 방식이 다릅니다. 수행평가는 보고서 작성, 발표, 토론, 실험 관찰, 창작 활동 등 다양한 방식으로 진행됩니다. 이 모든 활동은 그 자체가 하나의 학습 과정이자 평가 요소이고요. 국어 시간에 글쓰기 수행평가를 한다면 글쓰기 능력만을 평가하는 게 아닙니다. 주제를 어떻게 정하고 자료를 어떻게 수집했으며 개요를 어떤 논리로 구성하고 최종적으로 어떤 방식으로 글을 완성했는지 글쓰기의 전 과정을 평가하는 겁니다.

수행평가 성취도를 높이려면 노트 필기가 중요합니다. 노트 필기를 하는 것은 학습 내용을 이해하고 자기화하고 구조화해서 나만의 지식 체계를 만드는 과정입니다. 이것은 수행평가 과정과 비슷합니다. 수행평가도 제대로 활동하기 위해서는 수행의 내용을 이해하고 자기화하고 구조화해서 나만의 방식으로 활동해야 하거든요.

수행평가에서 요구하는 대부분의 주제는 수업 시간에 다루는 내용 또는 그 연장선상에 있습니다. 결국 수행평가도 평가이기에 수업 진도의 범위 내에서 이루어집니다. 그래서 저는 수행평가를 잘하려면 수업 시간에 성실하게 참여해야 한다고 늘 말합니다. 수행평가를 준비할 때 우선 교과서를 펼칩니다. 교과서 속 목차를 보면서 어떤 단원이 학생들의 수행 과정을 제대로 평가할 수 있을지를 고민합니다. 수행평가는 표현의 과정이므로 말하기나 쓰기의 형태로 이루어지는데, 평가하기에는 쓰기의 형태가 수월하므로 결과물은 쓰기 형태인 경우가 많습니다. 다른 선생님도 저와 비슷한 과정을 거치리라 생각합니다.

수행평가를 잘하려면 교과 과정을 잘 이해해야 하고 그 내용을 글로 잘 표현할 수 있어야 합니다. 그러기 위해서는 평소에 글을 쓰는 연습이 필요합니다. 글쓰기 연습이라고 하니 거창한 글쓰기를 생각할 수도 있지만, 꼭 그렇지 않습니다. 선생님들은 자신이 가르치는 학생들의 수준을 잘 압니다. 학생들의 수준에 맞추어 학생들이 가능한 한 좋은 점수를 받을 수 있도록 평가를 설계합니다. 수행평가에서 요구하는 것은 뛰어난 글쓰기 능력보다 수업을 잘 듣고 그 내용을 성실하게 수행하려는 태도입니다.

학생들의 수행평가 결과를 살펴보아도 마찬가지입니다. **수행평가를 분석하면** 우수한 학생들의 공통된 특징이 있습니다. 물론 결과가 완전히 일치하지는 않지만, **대체로 평소 필기를 성실하게 하는 학생들의 수행평가 성적이 좋은 편이라는 겁니다.**

수업 시간에 노트 정리를 잘하는 학생은 평소 수업 내용을 이해하려고 노력하는 학생일 겁니다. 수업 시간에 집중해서 듣고 학습한 내용을 이해했을 거고요. 이러한 태도가 바탕이 되어 있으니 수행평가를 할 때도 그 내용을 제대로 이해하고 수행평가를 할 겁니다. 그뿐인가요. 필기가 잘되어 있으면 주제와 관련된 수업 내용을 빠르게 찾아볼 수 있고 그 자체로 훌륭한 참고 자료가 됩니다. 노트 정리 능력은 수행평가 보고서의 개요를 짜거나 발표 자료를 구성할 때도 큰 힘을 발휘합니다. 수행평가 성적이 좋을 수밖에 없겠지요.

반면 노트를 잘 정리하지 않는 학생들은 아무래도 수업 시간에도 집중하지 않을 겁니다. 수업 내용에 대한 이해 없이 평가에 임하면 방향 설정부터 자료 수집, 표현 방식까지 모든 것이 불안정할 수밖에 없습니다. 수행평가의 주제도 수업 활동의 연장선상이므로 수업 시간의 필기는 곧 수행평가의 준비 자료인 셈입니다. 또, 수행평가 과제가 주어지면 모든 자료를 새로 찾아야 합니다. 이 과정에서 방향을 잘못 잡거나 수업 시간 강조했던 핵심을 놓치기 쉽습니다. 같은 시간을 투자해도 결과물의 완성도에서 차이가 생길 수밖에 없습니다.

수행평가는 학생이 학습한 흔적과 사고의 흐름을 평가합니다. 노트 필기는 그 흔적을 가장 잘 보여 주는 증거입니다.

노트 필기는 수행평가의 준비 과정이자 평가 대상이며 학습 능력을 키우는 효과적인 도구입니다. 수행평가의 성취도는 하루아침에 만들어지는 것이 아닙니다. 평소 학습 태도와도 이어집니다. 그 태도가 가장 잘 보이는 부분이 노트 필기라는 것은 두말할 필요도 없겠지요.

수행평가의 실제 사례

수행평가가 어떻게 이루어지는지 살펴볼까요?

자녀가 다니는 학교의 수행평가가 어떻게 실시되는지 궁금하다면 '학교알리미' 사이트에서 살펴볼 수 있습니다.

어떤 것을 찾아도 되지만 '학교별 공시정보'를 클릭해 '학교급', '지역'을 선택하고 '학교명'을 입력한 다음 '검색' 버튼을 클릭하면 해당 학교 화면이 뜹니다. 스크롤을 내려 '공시정보'에서 년도를 선택하고 '학업성취사항' 탭에서 '4-가. 교과별(학년별) 교수 · 학습 및 평가계획에 관한 사항'을 살펴보면 수행평가에 대해 알 수 있습니다.

물론 좀 더 자세한 수행평가에 관한 내용은 수업 시간에 선생님께서 각 반에 따로 알려 줍니다. 대체로 수행평가는 수업 시간에 관련된 내용을 다루고 그 내용과 관련된 수행 과정을 평가합니다.

이번에 제가 학생들과 함께 한 수행평가 중 하나를 살펴보겠습니다. 교과서에 '공동보고서 작성하기'라는 단원이 있고, 단계별로 설명된 작성 과정을 바탕으로 학생들과 보고서 작성 과정을 수업했습니다.

주제 선정하기, 목차 작성하기, 자료 찾기, 역할 나누기, 개요표 작성하기, 글쓰기 등의 과정이 순서대로 예시와 함께 자세하게 교과서에 제시되어 있습니다. 학생들과 함께 교과서에 제시된 순서대로 수업했습니다. 그리고 실습하기 단원에서 실제 모둠을 만들어서 모둠원들과 함께 이 과정을 차근차근 수행했습니다. 수업 시간에 듣기만 하다 실제 활동을 하니 우왕좌왕하며 질문했고, 저는 그 활동이 제시된 페이지를 펼쳐 설명을 다시 반복했습니다.

그 부분이 시험 범위이기도 했기에 그 부분을 노트 필기한 학생들은 스스로 이해하면서 활동을 했고 듣기만 했던 학생들은 우리가 이걸 배웠냐며 놀라워했습니다. 학생들이 협동하면서 활동하도록 하는 것이 목적이었기에 고등학교치고는 시간을 조금 많이 배정했습니다. 그럼에도 불구하고 그 부분 정리를 잘했던 학생들이 많은 모둠은 과제 수행이 빠르게 이루어졌고 제대로 정리하지 않았던 학생들이 많은 모둠은 제시된 시간까지 과제를 수행하는 것이 빠듯했습니다.

수행평가도 결국 수업 시간에 학습한 내용을 바탕으로 활동을 하는 것입니다. 수업 시간에 배운 내용을 자신의 것으로 충분히 내면화했다면 수행평가도 훨씬 더 수월해질 것입니다.

공동보고서

① 공동보고서 주제 정하기 - 서로 관심사와 정보 공유하고 생각 모으기

② 주제에 따른 목차 정하기

　　㉠ 중요한 내용은 빠뜨리지 않음

　　㉡ 내용이 중복되는 것을 막을수 있음

　　㉢ 역할을 나누어도 전체 흐름을 잃지 않고 균형잡힌 보고서 완성

③ 정보의 신뢰성 고려하여 자료 수집하기

　　㉠ 자료수집방법

　　　　┌ 간접적 방법 : 다른 사람이 만든 자료들 중에서 필요한 자료를 찾는 방법

　　　　│　　　　ex) 인쇄매체, 방송매체, 인터넷 매체

　　　　└ 직접적 방법 : 필요한 자료를 직접 만들어 내는 방법

　　　　　　　　ex) 면담, 방문, 관찰, 설정, 설문조사

　　㉡ 유의사항 : 출처를 확인하고 정보의 신뢰성과 전문성을 판단해 자료선택하기

④ 수집한 자료를 보고서의 형식에 맞게 조직하고 복합양식 자료 활용하기

　　㉠ 주제와 연관되는지

　　㉡ 신뢰할 만한 내용인지

　　㉢ 보고서 형식에 맞게 정리하기

　　㉣ 사진·도표, 그림등의 복합자료 활용 계획

⑤ 협력적인 태도로 공동 보고서 작성하기

수행평가 중 하나인 공동보고서 작성하기

공통국어2 국어 수행평가 - 공동 보고서 작성하기

수행평가 1차시   1학년   반 모둠원 :

1. 평소 관심이 있거나 더 알아보고 싶었던 것에 대해 친구들과 이야기를 나누며 공통의 관심 분야를 찾아보자.

모둠원 1	모둠원 2
모둠원 3	모둠원 4

2. 1을 바탕으로 공동 보고서의 종류와 주제 목적을 정해보자.

보고서의 종류	□ 실험 보고서　　□ 관찰 보고서　　□ 조사 보고서　　□ 답사 보고서
주제	
목적	

- 평소 관심이 있거나 궁금했던 분야와 관련된 개념을 찾고 그 개념을 바탕으로 학술 정보나 기사 검색하기. 그 중에서 실제로 가능하고 시간 내에 할 수 있는 내용을 주제로 정하기.

공통국어2 국어 수행평가 - 공동 보고서 작성하기

3. 주제에 따라 목차를 구성하고 공동 보고서를 어떻게 작성할지 구체적으로 계획을 세워보자.

제목		

목차	서론	연구 동기 및 목적, 연구 시기, 대상, 방법
	본론	연구 내용 및 결과 1. 2. 3. 4.
	결론	연구 내용 요약, 소감 및 제언
	참고 문헌	인용하거나 참고한 자료의 출처

작성일정	작성과정	자료수집	자료 분석 및 조직	보고서 작성	검토 및 수정
	일정				

역할 분담	이름		역할	

- 보고서의 목차를 구성하고 작성 계획을 세우는 활동. 모둠원 전체가 조사 과정에 협력적으로 참여해야 함. 전체 흐름을 잃지 않고 균형잡힌 보고서를 완성하기 위해서는 목차를 잘 구성해야 한다.

수행평가 활동지

중등부터 시작하는
내신 1등급 오답 노트

공통국어2 국어 수행평가 - 공동 보고서 작성하기

수행평가 2차시   1학년   반 모둠원 :

4. 정보의 신뢰성을 판단하며 자료를 수집하고 다음 항목에 따라 정리해 보자.
   (각자 학습지에 작성합니다. 제출할 때는 모둠원 전체의 종이를 다 내야 합니다.)

자료		
출처		
활용할 내용		
자료 평가 (주제 연관성, 신뢰성)		
활용할 방안		

자료		
출처		
활용할 내용		
자료 평가 (주제 연관성, 신뢰성)		
활용할 방안		

- 최소한 자료는 4개 이상 찾을 것. 종이가 부족하면 선생님께 더 받아서 찾습니다. 자료는 반드시 출처를 확인하고 정보의 신뢰성과 전문성이 있어야 합니다.

공통국어2 국어 수행평가 - 공동 보고서 작성하기

수행평가 3차시   1학년   반 모둠원 :

5. 친구들과 상의하여 수집한 자료를 보고서의 형식에 맞게 조직하고, 복합양식 자료를 어떻게 활용할지 계획해 보자.

형식	목차	수집한 자료	복합양식 자료 활용
서론			
본론			
결론			

- 수집한 자료를 보고서 형식에 맞게 정리하고, 보고서의 내용을 효과적으로 전달하기 위해 어떤 복합 양식 자료를 사용할 수 있는지 생각해서 쓸 것. 복합 양식 자료는 3개 이상 사용할 것.
- 이 활동을 다 했으면 칠판의 큐알코드를 찍어서 공동 보고서 양식을 다운받아 공동 보고서를 작성할 것. 공동 보고서 틀에 있는 양식을 지켜서 공동 보고서를 작성할 것. 공동 보고서는 이번 시간을 제외하고 2차시 동안 작성할 예정임(집에서 작성하지 말 것)

1 교시

정리 노트

수행평가부터
논술까지 대비하는
공부의 기초

노트 정리를 위한
첫걸음

노트 정리를 하기 전 준비할 것

그렇다면 어떻게 노트를 정리해야 할까요? 차근차근 살펴보도록 하겠습니다.

노트 정리를 제대로 하면 학습 내용을 더 잘 이해하고 기억할 수 있습니다. 노트 정리를 잘하려면 첫째로 노트를 준비해야 합니다. 노트의 종류로는 무선 제본 노트와 스프링 노트가 가장 널리 사용됩니다.

노트

무선 제본 노트는 페이지가 잘 넘어가지 않는 대신 깔끔하고 가벼운 편이며 휴대성이 좋습니다. 반면 스프링 노트는 페이지는 잘 넘길 수 있으나 스프링 부분이 손에 걸려 필기가 불편해질 수 있습니다. 저는 학생들에게 **노트에 새로운 자료를 많이 붙이지 않으면 무선 제본 노트를, 노트에 자료를 많이 붙여야 하면 스프링 노트를 추천**합니다. 무선 제본 노트는 얇고 가벼워서 휴대성이 좋아 평소에 쓰기는 좋지만 종이를 붙이면 부피가 커져서 오히려 불편할 수 있습니다. 그러나 스프링 노트는 가운데 스프링이 있어서 어느 정도의 부피는 노트에 크게 영향을 주지 않습니다.

노트의 두께도 고민할 필요가 있습니다. 노트가 너무 두꺼우면 노트가 무거워서 가지고 다니기 힘들기도 하고 필기할 때 손이 놓이는 면과 종이의 높이 차이가 커져 손목이 공중에 뜬 상태로 움직여 필기할 때 손목이 피로해집니다. 또 생각보다 노트를 끝까지 쓰는 학생이 많지 않습니다. 절반도 안 되게 노트를 쓰다가 버리는 경우도 많습니다. 적당한 두께의 노트를 선택할 필요가 있습니다.

노트의 내지도 중요합니다. 뒷면이 비치지 않는 두께의 종이를 선택해야 깔끔하게 정리할 수 있습니다. 너무 얇으면 뒷면이 비쳐서 필기한 것이 지저분해 보일 수 있습니다. 그리고 편안한 마음으로 필기를 쉽게 하려면 비싼 노트보다 적당한 가격대의 노트를 추천합니다.

필기구

다음으로 필기구가 필요합니다. 필기구의 종류는 다양합니다. 사람마다 취향이 달라 어떤 것이 정답이라고 말할 수는 없지만 노트 필기를 위해서는 필기구를 다양하고 화려하게 갖출 필요는 없습니다. 샤프,

지우개, 볼펜, 형광펜 정도면 충분합니다. 볼펜은 삼색 볼펜을 추천합니다. 필기 도중 빠르게 색을 바꿔 가며 쓸 수 있어 필기 효율이 높습니다. 그보다 색이 많으면 어떤 색을 쓸 것인지 고민될 수 있습니다. 수업 시간에 선생님이 필기하거나 교과서 내용을 정리할 때는 검은색으로 쓰되, 선생님이 반복하거나 강조하는 부분은 빨간색으로, 알아 두어야 할 내용이나 보충 설명은 파란색으로 필기하는 겁니다. 제가 든 볼펜의 색은 예시일 뿐 자신만의 볼펜 색의 체계를 마련하는 것이 좋습니다. **색 체계를 마련해 놓으면 노트만 봐도 수업에서 중요한 부분과 덜 중요한 부분을 파악할 수 있습니다.** 복습할 때 파란색 부분을 보고, 시험을 볼 때는 빨간색 부분을 집중적으로 보면 중요한 부분을 파악할 수 있어 시간을 절약하고 학습 효과도 높일 수 있고요.

필기감도 중요합니다. 필기구가 뻑뻑해서 글이 잘 쓰이지 않으면 그것도 스트레스로 작용할 수 있기 때문입니다. 여러 가지를 써 보고 자신에게 잘 맞고 부드럽게 잘 써지는 필기구를 준비합니다.

볼펜만으로 중요한 내용을 표시하기 어렵다면 형광펜을 사용해도 좋습니다. 다만 너무 색을 많이 사용하면 오히려 혼란스러워져서 중요한 부분이 눈에 잘 띄지 않을 수 있습니다. 그러니 색은 두세 가지 정도로 제한하고 정말 중요한 부분에만 형광펜을 사용합니다. 형광펜을 너무 자주 사용하면 강조의 의미가 사라질 수 있습니다. 주요 단어나 작품 이름, 사람 이름 등 반드시 기억해야 하는 것, 수업 시간 선생님이 강조한 문장 등 중요하다고 판단되는 곳에만 사용합니다. 노란색은 핵심 개념, 분홍색은 암기해야 할 용어, 초록색은 추가 설명과 같이 색깔

무선 제본 노트, 스프링 노트

별로 어떤 내용인지 통일하면 좋습니다.

기타 학습 도구

자나 포스트잇은 필수는 아니지만 있으면 더욱 효과적으로 노트를 정리할 수 있습니다. 자가 있으면 표나 그래프를 그릴 때 자를 이용해 깔끔하게 그릴 수 있습니다. 포스트잇도 추가할 내용이 있으면 사용합니다. 포스트잇에는 시험에 나올 만한 내용을 따로 모아서 잘 보이게 붙여 놓으면 복습할 때 도움이 됩니다. 포스트잇에 쓸 때는 선생님이 수업 시간에 강조한 내용을 질문 형식으로 적어 두면 답을 생각하게 되어서 효과적입니다. 그러나 노트 정리를 할 때 이것들이 필수적인 요소는 아닙니다. 그보다 스스로 노트 정리 습관이 갖춰진 뒤에 보조적으로 사용하는 것을 추천합니다.

노트 필기를 할 때 주의해야 할 것이 있습니다. 간혹 다양한 색으로 필기하고 색칠하고 온갖 정성을 들여서 오랜 시간 필기를 하는 학생들이 있습니다. 정리한 노트를 보면 예쁜 글씨체에 알록달록하게 필기해서 웬만한 문제집이나 책보다 예쁩니다. 필기를 '하는' 것이 아니라 필기를 '예쁘게' 하는 데 최선을 다하는 느낌입니다. 너무 정성스러워서 노트 정리한 것을 보는 것만으로도 조심스러워집니다. 노트 정리를 예쁘게 하는 것도 좋습니다. 하지만 가장 중요한 것은 노트에 정리한 내용을 제대로 이해하고 기억하는 겁니다. 노트를 예쁘게 꾸미는 데만 집중하면 필기 내용이 기억나지 않을 수 있습니다. 그건 노트를 정리한 것이 아니라 시간을 낭비한 겁니다.

노트 정리는 중요한 내용을 한눈에 알아보고 효율적으로 공부하기 위한 것입니다. 그러려면 **'내가 이 내용을 어떻게 이해해서 효과적으로 정리할 것인가'를 고민하고 자신이 이해하기 편한 방식을 생각해서 이해하기 편한 방법으로 필기해야 합니다.** 공부와 필기가 따로 놀아서는 안 됩니다. 공부한 내용을 필기한다는 것에 초점을 맞춰야 효율적으로 공부할 수 있습니다.

반듯한 글씨체 만들기

　제가 언제나 강조하는 것 중 하나가 반듯한 글씨체입니다. 글씨는 단순히 글자의 모양을 바르게 쓰는 것을 넘어 글쓴이의 생각과 마음을 전달하는 중요한 수단입니다. 저는 국어과 특성상 글쓰기 수행평가를 자주 하는 편입니다. 지필평가로는 서논술형 문제를 출제합니다. 수행평가와 지필평가를 채점할 때마다 느끼는 것이 있습니다. 글씨체가 엉망인 학생들이 많다는 것입니다. 해가 갈수록 점점 더 많아지는 것 같습니다.

　제가 농담 삼아 선생님들은 초능력이 있다고 말하곤 하는데, 그 초능력이란 바로 웬만한 글씨를 다 읽을 수 있다는 겁니다. 20년 넘게 다양한 글씨체를 보다 보니 그런 초능력이 생긴 거죠. 하지만 그런 저조차도 해독하기 힘든 글씨체가 있습니다. 그럴 경우 혹시 저만의 문제인가 싶어 주변 선생님들께 아무 힌트도 주지 않고 해당 글씨를 읽어 봐 달라고 합니다. 그러나 대부분의 선생님들도 저와 똑같이 고개를 갸웃거립니다. 도무지 뭐라고 썼는지 추측하기 힘들 만큼 글씨체를 알아보기 힘든 경우가 많거든요. 그러면 그 문제는 채점하지 않고 그대로 두고 수업 시간 해당 학생에게 직접 읽어 보라고 합니다.

　과연 그 학생은 본인이 쓴 글씨를 잘 읽을까요?

　그렇지 않습니다. 선생님들이 읽지 못한 글씨는 그 글을 쓴 학생 자신도 읽지 못하는 경우가 대부분입니다. 오히려 어떤 아이들은 자신도 못 알아보는 글씨를 선생님이 어떻게 읽었냐고 놀라기도 합니다. 스스로 쓴 글씨도 읽을 수 없다면 그 글은 누구에게도 의미 있게 전달되기 어렵겠지요.

처음부터 악필이거나 명필인 사람은 없습니다. 글씨를 쓸 때마다 반듯하게 글씨를 쓰려고 의식적으로 노력하면 명필이 되기도 하고, 글씨를 쓸 때 글씨에 신경을 쓰지 않으면 악필이 되기도 합니다. 일부 특수한 경우를 제외하고는 평소 얼마나 신경 써서 글씨를 쓰는지에 따라 글씨체가 결정됩니다.

글씨를 반듯하게 쓰라는 것은 예쁘게 꾸미거나 글자를 꺾어서 멋들어지게 쓰라는 뜻이 아닙니다. 누구나 읽고 이해할 수 있도록 명확하고 읽기 쉽게 쓰라는 뜻입니다. 글쓰기 수행평가를 하면 분명히 한글로 썼는데 마치 영어의 필기체처럼 글자 하나하나를 끊어 쓰지 않고 이어서 휘갈겨 쓰는 학생들이 많습니다. 이런 글씨는 읽는 사람도, 쓰는 사람도 쉽게 해석할 수 없습니다. 한 글자 한 글자 알아볼 수 있도록 또박또박 끊어서 써야 합니다.

또, 글씨를 쓸 때는 손에 적당한 힘을 주고 써야 합니다. 손에 힘이 없으면 글씨가 흐릿해지고 선이 떨리거나 글자가 흘러내려 읽기 힘든 글씨가 됩니다. 그렇다고 손에 너무 힘을 주고 쓰면 종이가 눌려서 뒷면에 요철이 생기거나 손목이 아파서 오래 쓸 수 없습니다. 적당한 힘이 필요합니다.

글자의 간격도 중요합니다. 글자 사이가 너무 붙어 있거나 겹쳐 있으면 글씨를 알아보기 어렵고 문장의 흐름도 끊깁니다. 글자의 크기와 간격을 일정하게 맞추어야 합니다. 글자 크기가 들쑥날쑥하면 글 전체가 지저분하게 보이기 때문입니다. 무지 노트보다 줄로 된 노트를 추천하는 이유도 줄을 기준으로 글자의 크기와 정렬을 일정하게 유지하기 위함입니다.

글씨를 쓸 때 자세도 중요합니다. 허리를 곧게 펴고 종이와 눈 사이의 거리를 일정하게 유지한 상태에서 손에 적절한 힘을 주어 안정적으로 써야 합니다. 반듯한 자세에서 반듯한 글씨체가 나오는 법입니다.

글씨체는 하루아침에 달라지지 않습니다. 처음에는 반듯하게 쓰는 데 시간이 오래 걸릴 수 있지만 점차 익숙해지면 빠르게 쓰면서도 깔끔한 글씨체를 유지할 수 있습니다. 반대로 반듯하게 쓰더라도 계속 신경 쓰지 않으면 어느새 글씨체가 흐트러질 수도 있으니 늘 글씨체를 바르게 쓰도록 노력해야 합니다.

학생들의 수행평가를 읽을 때마다 감탄할 정도로 깔끔한 글씨체로 글을 쓰는 학생들이 있습니다. 그런 글씨체로 쓴 글은 읽기 전에 기대부터 됩니다. **글씨가 지저분하면 아무리 좋은 내용을 담고 있어도 읽고 싶지 않은 마음이 드는 것이 사람 심리입니다. 반면 글씨가 반듯하면 그 내용이 궁금해지고 자연스레 읽어 보고 싶다는 생각이 듭니다.** 다른 사람의 글도 그렇지만 자신이 쓴 글을 읽을 때도 마찬가지입니다. 인간은 시각적인 인식에 영향을 많이 받습니다. 글씨체가 주는 인상은 생각보다 훨씬 크고 강력한 영향력을 갖습니다.

수업 시간에 집중하기

노트 정리를 잘하려면 무엇보다 정리하려는 내용을 정확하게 이해하는 것이 중요합니다. 그러기 위해서는 수업 시간에 집중해서 선생님의 설명을 꼼꼼히 들어야겠지요. 선생님들은 수업할 때 학생들의 반응을 살피며 반응 정도에 따라 수업 속도를 조절합니다. 하지만 기본적으로 선생님이 어느 정도의 분량을 어느 정도의 차시로 수업할 것인지 계획한 흐름이 있습니다. 그 흐름에 따라 수업을 하되 학생들의 반응에 따라 수업의 속도나 분량을 조절하는 거죠. 길을 갈 때 모르는 길을 헤매면서 가는 것보다 길을 아는 사람을 따라가면 훨씬 빠른 것처럼, 선생님은 이미 전체 흐름을 알고 있기 때문에 혼자 공부하는 것보다 수업을 듣는 것이 더 빠르고 효율적으로 학습할 수 있습니다. 수업을 들으면 무엇을 어떻게 공부해야 할지 훨씬 명확해지니까요.

어떻게 해야 수업 시간에 집중할 수 있을까요? 가장 좋은 방법은 수업 전에 교과서를 미리 살펴보는 것, 예습입니다. 예습이라고 해서 거창한 것을 할 필요는 없습니다. **수업 전에 교과서를 한 번 훑어보며 모르는 단어나 핵심 용어를 체크해 두는 것만으로 충분합니다. 모르는 것이 있다면 간단하게 표시해 두고요.** 교과서의 내용을 살펴보는 것만으로도 수업 시간에 배우는 내용이 덜 낯설게 느껴집니다. 한 번이라도 봤다면 산만해지거나 멍해지는 순간도 어느 정도 예방할 수 있습니다.

필기구, 교재, 노트 등 기본적인 수업 준비물은 수업 전 미리 챙겨야 합니다. 준비물이 잘 갖춰져 있어야 수업 중 불필요한 움직임이 줄고 자연스럽게 집중할 수 있거든요. 실제로 수업에 집중을 잘하는 학생들은 대부분 준비물을 미리 챙겨 두고 수업을 들을 준비를 합니다.

또 그냥 수업을 듣기만 하는 것보다 적극적으로 필기하면서 듣는 것이 집중력 향상에 도움이 됩니다. 필기를 하려면 자연히 선생님의 말씀에 귀를 기울이게 되고 그만큼 수업 내용을 이해하게 됩니다. 저는 필기를 좋아하는 편인데, 필기를 하지 않고 듣기만 하면 나중에 강의 내용이 조각조각 떠오르지만, 필기를 하면서 들으면 그 내용을 떠올렸을 때 필기한 것을 읽지 않아도 강의 내용이 꽤 많이 기억에 남습니다. 강의 내용을 이해하고 구조화해야 필기를 할 수 있기 때문입니다.

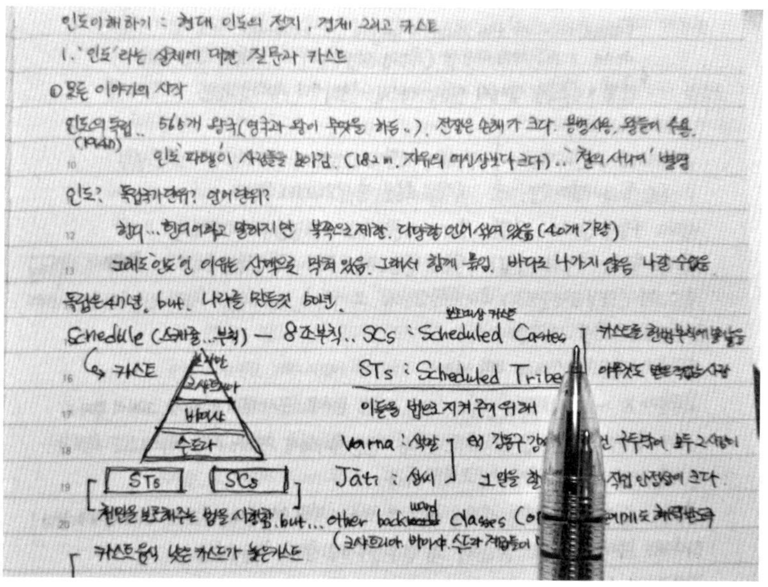

강의 필기를 적은 나의 노트

신기하게도 우리 뇌의 운동 중추 중 약 30%가 손의 움직임과 관련 있다고 합니다. 손으로 직접 쓰며 공부하면 뇌가 더 활발하게 작동해서 이해력과 기억력이 함께 높아집니다. 반면 눈으로만 공부하면 그 순간에는 다 알 것 같지만 금세 잊습니다. 하지만 **손으로 직접 쓰며 공부하면 뇌가 더 활발하게 작동해서 그 내용이 훨씬 더 기억에 오래 남습니다.**

수업 시간 선생님께 적극적으로 반응하는 것도 집중력과 흥미를 높이는 좋은 방법입니다. 고개를 끄덕이거나 다양한 표정을 지으면서 선생님의 말씀에 반응하면 마치 선생님과 친밀하게 대화를 나누는 기분이 들어 수업에 더 집중할 수 있습니다. 이것은 선생님에게도 긍정적인 피드백이 됩니다. 내 말에 대답을 잘하는 친구와 더 자주 대화를 나누고 싶은 것처럼 선생님도 내 말에 대답을 잘하는 학생에게 눈길이 갈 수밖에 없습니다. 교실의 학생들을 골고루 살피며 수업하려고 애쓰지만 아무래도 적극적으로 반응하는 학생들이 자주 눈에 들어오겠지요. 그런데 이해되지 않은 듯 고개를 갸웃거리거나 고민하는 표정을 지으면 내 설명이 이해가 되지 않았다는 생각이 들어 그 부분을 다시 한번 더 설명하거나 질문해서 이해시키려 합니다.

수업 시간에는 집중해서 선생님의 말씀을 들어야 합니다. 그래야 선생님이 강조한 핵심 개념, 예시, 설명 순서 등이 명확하게 기억납니다. 노트 정리하기도 훨씬 수월하겠지요. 집중해서 들으면 선생님의 말투나 강조 포인트, 표정, 몸짓 같은 비언어적인 부분까지도 떠오릅니다. 이런 세밀한 기억이 노트에 녹아들면 그것은 자신만의 언어와 구조로 정리된 훌륭한 노트가 되는 거죠.

지면T　열의 이동

* 온도 : 물체 따뜻 아 차갑 정도 측정 수치로 나타낸 것!
　단위 : °C (섭씨), K (켈빈)

Q. 보온병 흔들기 전&후 물 입자의 운동이 이케 다른지

L. 보온병을 흔들기 전보다 보온병을
　흔든후 물 입자의 운동이 더 활발!!
＝ 온도는 물체를 이루는 입자의 운동이 활발한 정도를 나타냄!

* 열량 : 온도 차에 의해 이동한 열의 양

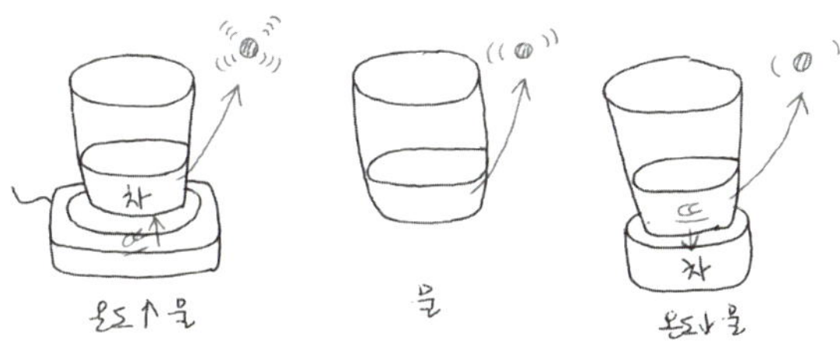

L→ 가열기에 올린 물의 입자 운동이 활발해 지는 것
　물 입자가 가열기로부터 에너지를 얻었기 때문!

물의 온도 변화 & 입자의 운동 관련지어 설명해바

L 물에서 공중으로 열이 이동하여
　물의 입자운동이 둔해 지므로, 물의 온도↓

* 열 : 온도가 서로 다른 두 물체가 접촉했을 때 온도가 높→낮 물체로 이동하는 에너지

그림을 그려서 필기한 노트

노트 구석에 수업을 떠올릴 실마리를 남기는 것도 좋습니다. 노트 필기를 검사하는데 한 학생이 노트 구석에 선생님의 캐릭터를 귀엽게 그려 놓고, 말풍선 안에 수업의 핵심 내용을 적어 두었더라고요. "노트에 귀여운 그림이 있던데?"라고 하자 그 학생이 "그림을 보면 그 시간을 떠올릴 수 있어서 수업 내용을 기억하기 좋아요"라고 대답하더군요. 참 좋은 아이디어라는 생각이 들었습니다. 그 학생처럼 그날 선생님의 옷차림이나 머리 스타일, 그날의 날씨 같은 것들도 수업을 떠올리는 데 도움이 될 수 있습니다. 그렇다고 너무 많이 그리면 오히려 산만해질 수 있으니 집중을 방해하지 않는 선에서 활용하기를 추천합니다. 노트 정리의 시작은 수업 시간 집중부터입니다.

교과서 읽기

노트 정리를 잘하기 위해 가장 먼저 해야 할 일은 교과서를 꼼꼼하게 읽는 겁니다. 교과서 속의 내용을 얼마나 잘 이해하고 자신의 언어로 정리할 수 있느냐가 공부를 얼마나 제대로 했는가를 판단하는 기준이니까요.

"선생님, 시험을 잘 보고는 싶은데 어떻게 공부해야 할지 모르겠어요"라는 학생이 많습니다. 그러면 저는 늘 교과서를 먼저 읽으라고 합니다. 그런데 학생들이 교과서를 읽는 모습을 보면 당황스러울 때가 많습니다. 교과서를 소설책 읽듯이 휘리릭 읽고 그 내용을 어떻게 정리해야 할지 모르겠다고 말합니다. 당연합니다. 교과서는 줄거리 중심의 이야기책이 아니기 때문에 단순히 읽기만 해서는 제대로 이해하거나 기억하기 어렵습니다. 그렇게 읽을 수도 없고요.

교과서는 정보를 전달하기 위한 글입니다. 따라서 정보를 중심으로 읽는 방법을 익혀야 합니다. 눈으로만 읽는 것이 아니라 손에 필기구를 들고 읽어야 합니다. 교과서의 두꺼운 글자로 된 단어에는 동그라미나 네모 등의 표시를, 그 단어를 설명하는 글에는 밑줄 등의 표시를 하면서 읽어야 합니다. 교과서에는 중요한 정보가 매우 많습니다. 소설책을 읽듯이 가볍게 읽어서는 절대 그 내용을 이해할 수 없습니다.

교과서를 읽기 전, 목차부터 살펴봅니다. 목차는 교과서 전체 내용을 한눈에 조망할 수 있도록 구성된 구조도입니다. 전체 단원과 소단원이 어떻게 이어지는지 학습 주제가 어떻게 전개되는지를 먼저 이해하면 교과서 읽기가 훨씬 수월해집니다. 교과서를 읽을 때는 목차를 보고, 단원을 보고, 소단원과 학습 목표 순서로 봅니다. 마지막으로 단원과 학습 목표가 교과서 본문에서 어떻게 서술되었는지를 생각하며 읽습니다. 노트를 정리할 때도 이를 염두에 두어야 합니다. 그 단원에서 꼭 알아야 할 내용들이 학습 목표와 제목에 다 담겨 있기 때문입니다.

내용을 충분히 이해한 뒤에 노트를 정리해야 합니다. 노트를 정리하고 그 내용을 이해하겠다고 하면 노트 정리를 잘 못할 수 있습니다. 선생님들이 학생들이 필기한 노트를 보면 얼마나 잘 이해했는지 바로 파악이 되는 이유가 바로 이것 때문입니다.

전교 1등을 놓치지 않은 소진이는 교과서를 10회 이상 반복해서 읽었다고 합니다. 처음에는 낯설고 이해되지 않던 내용이 5~6번쯤 읽다 보면 자연스럽게 연결되고 이후의 내용이 예측까지 가능하다고요. 소진이의 말을 듣고 다른 제자들에게도 10회독을 권했더니 그 전보다 성적이 잘 나왔다며 다들 만족했습니다. 그런데 갈수록 10회독은 어렵다고 하는 학생들이 많습니다. **10회독이 어렵다면 최소한으로 3회독을 추천합니다. 대신에 좀 더 꼼꼼히 읽는 거지요.**

복습할 때 3회독을 하는 겁니다. 처음에 읽을 때는 모르는 단어들의 뜻을 찾으면서 교과서 본문의 내용을 꼼꼼하게 이해하면서 읽습니다. 교과서를 읽다가 모르는 내용이 있으면 선생님이나 친구에게 질문해서 꼼꼼하게 이해해야 합니다. 1회독의 목적은 모든 내용을 다 외우는 것이 아니라 교과서를 정독하고 그 내용을 이해하는 것입니다.

1회독을 할 때는 수업 시간에 선생님이 나눠 준 프린트나 필기 내용까지 모든 것을 포함해서 읽고 최대한 교과서의 내용을 이해하는 데 집중합니다. 최대한 꼼꼼하게 읽습니다. 필요하다면 교과서에 밑줄도 긋고 메모도 합니다. 1회독을 할 때는 시간이 꽤 오래 걸립니다.

이때, 'SQ3R 전략'을 추천합니다. 이 전략은 아래의 5단계에 따라 읽는 것입니다.

SQ3R 전략

훑어보기(Survey) → 질문 만들기(Question) → 읽기(Read) →

되새기기(Recite) → 복습하기(Review)

훑어보기(Survey)는 목차나 교과서 속의 진한 글자 정도를 대략 훑어 보며 자신이 읽을 부분이 무슨 내용인지 살펴보는 것입니다. 질문 만들기(Question)는 핵심 내용에 따른 질문을 만들어 정리해야 할 방향이 흐트러지지 않고 집중력 있게 내용을 정리하는 것입니다. 읽기(Read) 단계에서 교과서 내용을 정독하며 꼼꼼하게 읽습니다. 모르는 단어가 나오면 찾아가면서 읽습니다. 교과서 본문 중 두꺼운 글자가 나오면 그것이 이 단원의 핵심 내용입니다. 중요한 단어에는 네모를, 중심 문장에는 밑줄을 긋습니다. 밑줄이 너무 많으면 오히려 방해되니 한 페이지의 1/3 정도를 넘지 않도록 하는 것이 좋습니다. 학습 활동도 살펴봅니다. 학습 활동은 학습 목표를 달성하기 위한 활동입니다. '~써 보자', '~활동해 보자' 등으로 된 학습 활동을 그냥 넘기면 안 됩니다. 그 문제들도 선생님이 분명히 설명했을 겁니다. 반드시 답을 써 보아야 합니다. 되새기기(Recite) 단계에서는 이해한 내용을 다시 생각해 자기 언어로 정리합니다. 이때는 번호나 기호를 활용해 핵심 내용을 개조식으로 정리하면 훨씬 기억에 잘 남습니다. 정리가 끝났다면 복습(Review)합니다. 이것이 SQ3R 전략입니다.

반드시 SQ3R 전략의 순서를 따를 필요는 없습니다. 대략 이런 방향으로 읽으면 되는구나 정도만 알고, 이것을 자신에게 맞게 변형해 교과서를 읽고 자신만의 방법으로 정리하는 것이 더 좋습니다.

1회독할 때 내용을 충분히 이해했다면 2회독은 암기 중심의 읽기가 필요합니다. 1회독을 할 때 시간이 많이 소요되었지만 2회독을 할 때는 읽는 시간이 훨씬 줄어들 겁니다. 무작정 외우기보다는 앞 글자를 따서 외우거나 **나만의 스토리를 만드는 등 자신만의 암기 방법을 만들어 활용**합니다. 제가 중학교 때 사회 선생님이 동요에 지역 특산물 가사를 붙여서 암기하게 하셨는데, 요즘도 그 노래가 떠올라 흥얼거리곤 합니다. 이렇게 나름의 방법으로 암기하면 그 기억이 꽤 오래 갑니다.

2회독이 끝난 뒤에는 머릿속에 있는 내용을 스스로 정리해 봅니다. 일명 '백지 정리법'인데요. 제가 제일 좋아하는 필기 방법이지만 제일 힘든 필기 방법이기도 합니다. **아무 것도 보지 않고 내 머릿속의 내용을 중심으로 정리**하는 방식이거든요. 처음부터 막힘없이 쓰기는 힘듭니다. 힘들다면 단원명만 적어 두고 그것을 바탕으로 노트 정리를 하는 것이 좋습니다. 정리를 하다가 기억이 나지 않거나 기억이 희미해서 막히는 부분이 있다면 그 부분이 제대로 학습되지 않은 것이기 때문에 다시 그 부분의 교과서를 보면서 공부해야 합니다.

2회독이 끝나면 교과서 내용을 거의 완벽하게 이해했을 것입니다. 이제는 나무보다 숲을 볼 때입니다. 교과서의 흐름에 유의하며 내가 제대로 이해했는지 확인하면서 3회독합니다. 3회독은 **자신이 교과서의 흐름을 잘 이해하고 있는지를 점검하는 시간**이라고 보면 됩니다.

교과서를 읽는 횟수는 과목 특성이나 개개인의 이해력, 학습 스타일에 따라 달라질 수 있습니다. 어떤 경우에는 2회독으로 충분할 수도 있고, 어떤 경우에는 4~5회독이 필요할 수도 있습니다. 학생들에게 이런 이야기를 하면 횟수에 집착하는데, 중요한 것은 몇 번 읽었느냐가 아니라 어떻게 읽었느냐입니다.

노트 정리의 기본 원칙

노트 정리의 일반 원칙

"열심히 노트 정리를 했는데 시험은 망했어요. 다음부터는 노트 정리 안 할 거예요."

분명 시험 기간 내내 열심히 노트 정리를 했는데, 평소보다 성적이 더 좋지 않은 아이들이 있습니다. 당연합니다. 노트 정리는 시험 기간에 하는 것이 아니라 평소에 하는 거거든요. 시험 기간에는 평소에 정리했던 노트를 바탕으로 시험공부를 합니다.

노트를 정리하는 몇 가지 일반적인 원칙이 있습니다. 첫째, **한 페이지에 하나의 주제만 정리**합니다. 간혹 노트의 여백이 아깝다고 여백을 남겨 두지 않고 다른 주제로 가득 채우는 학생들이 있습니다. 그러면 안 됩니다. 여백이 남더라도 한 페이지에는 하나의 주제만 씁니다. 그래야 나중에 내용을 찾기도 수월하고 효과적으로 기억할 수 있습니다. 노트에 추가할 내용이 있을 때도 정리가 수월합니다.

여백은 필기 내용을 자기 것으로 만드는 데 꼭 필요한 공간입니다. 노트를 아끼느라 빽빽하게 쓰면 노트가 답답하게 느껴져 집중하기 어렵습니다. 노트의 모든 페이지를 다 쓰는 것이 좋지만 노트를 펼쳤을 때 왼쪽 페이지는 여백으로 남겨 두고 오른쪽 페이지에만 쓰는 것도 좋습니다. 그렇게 하면 왼쪽 페이지에 그 내용과 관련해서 생각할 내용이나 기억해야 할 내용 등을 추가하기 수월합니다.

둘째, **노트 정리를 할 때는 개조식으로 정리**합니다. 제목에는 교과서의 단원명을 그대로 적고 스스로 부제목을 붙여도 좋습니다. 이때 최대한 간단하게 명사형으로 씁니다. 줄글 형식으로 정리하면 나중에 노트 정리의 내용이 한눈에 들어오지 않습니다. 교과서 목차의 번호를 따르되, 하위 번호는 자신이 나름대로 정리합니다.

Ⅰ. 대제목

  1. 중제목

    (1) 소제목

      1) 본문

        ① 세부 내용

이렇게 번호를 붙여 정리하고 내용에 따라 번호가 아니라 '–' 모양이나 '•' 모양 등의 기호를 사용하는 것도 좋습니다. 그 외에도 마인드맵, 씽킹맵, 그래프 등을 활용하면 깔끔하게 정리할 수 있습니다.

셋째, **중요한 내용은 밑줄을 긋거나 눈에 띄는 필기구를 활용해 중요한 내용을 강조**합니다. 핵심 단어나 중요한 내용은 형광펜 등으로 눈에 띄게 표시해 두면 복습할 때 도움이 됩니다. 핵심 단어나 중요한 내용을 찾는 과정에서 문해력도 키워집니다.

넷째, **노트 정리는 반드시 자신의 말로 정리**해야 합니다. 교과서의 글을 그대로 옮겨 쓰는 것은 노트 정리를 했다고 할 수 없습니다. 교과서를 읽고 이해한 내용을 자신만의 말로 다시 정리해야 합니다. 주의할 점은 자신의 말로 정리하되 용어는 정확해야 한다는 것입니다.

다섯째, **그림이나 도표를 활용**합니다. 시각 자료는 복잡한 내용을 쉽게 이해할 수 있도록 돕습니다. 교과서에 줄글로 되어 있는 내용을 그림이나 도표, 화살표 등의 다양한 모양으로 표시하면 글로만 정리하는 것보다 한눈에 들어와 기억에 더 오래 남습니다. 공통점과 차이점을 설명할 때는 표를, 흐름을 나타낼 때는 화살표를 쓰는 겁니다. 이렇게 그림이나 도표 등이 있으면 복습할 때도 쉽게 찾을 수 있습니다.

여섯째, **기호나 약어를 사용해서 글자의 수는 최대한 줄입니다.** 기호나 약어를 사용하면 필기 시간을 단축할 수 있습니다. '올라간다'는 '↑'로, '내려간다'는 '↓'로 표시하면 기억에도 오래 남고 내용도 간결하게 정리할 수 있습니다. 그러면 내용도 훨씬 직관적으로 파악할 수 있습니다. '품사란 단어를 형태, 기능, 의미의 공통성에 따라 나눈 갈래이다'라는 문장을 '품사 : 단어를 형태, 기능, 의미 공통성에 따라 나눈 갈래'처럼 문장에 들어 있는, 없애도 의미가 변하지 않는 조사도 삭제하고 명사로 마무리합니다. 그래야 글의 내용을 줄일 수 있습니다.

일곱째, **이해가 되지 않는 부분이나 궁금한 점을 함께 적어 둡니다.** 이때는 나중에 이해되면 지울 수 있도록 연필로 쓰거나 포스트잇에 써서 붙여 둡니다. 이 내용은 선생님이나 친구에게 질문해서 꼭 해결합니다. 이해가 되면 궁금했던 것과 그 과정을 자신의 말로 다시 정리해 둡니다.

여덟째, **공부한 내용을 친구에게 설명한다고 생각하고 정리합니다.** 누군가에게 그 내용을 설명하려면 그 내용을 제대로 이해해야 합니다. 공부한 내용을 이해하려고 집에 커다란 칠판을 두고 가족을 앉혀 놓고 설명하는 학생들도 있습니다. 그렇게 하면 훨씬 기억이 더 잘 난다고 합니다. 설명하다가 막히는 부분이 있으면 그 부분을 다시 공부하고요. 칠판에 정리하지 않아도 노트에 정리하면서 스스로에게 설명하듯 정리해 나가는 것도 효과적입니다.

노트 정리 후 복습하면서 새로운 내용을 덧붙이거나 수정합니다. 관련 문제를 풀었다면 필기 내용 외에 기억할 점을 여백에 추가하거나 포스트잇으로 덧붙이면서 나만의 학습 노트를 만들면 됩니다.

간혹 질문을 하다가 자신이 무얼 모르는지 몰라서 무얼 어떻게 질문해야 할지 모르는 학생들이 있습니다. 그때 어떤 과정을 거쳐서 궁금한 것이 생겼는지 물어보면 자세히 설명하지는 못하고 대략 설명합니다. 그러면 혹시 네가 궁금한 것이 이것이냐고 물으면 맞다고 대답합니다. 질문하려고 해도 그 내용을 제대로 알아야 질문을 할 수 있습니다. 노트 정리를 하며 이해하는 과정이 그래서 필요합니다.

노트 정리는 간단명료하게

　노트를 정리할 때는 자신만의 방식으로 최대한 간략하게 정리하는 습관을 들여야 합니다. 우선 **글자는 최대한 줄이고 기호를 적극적으로 사용**하는 것이 효과적입니다. '채식을 하고 육식을 하지 않아야 한다'는 문장은 '채식○, 육식×'으로, '물가가 오르고 화폐 가치가 떨어졌다'라는 문장은 '물가↑, 화폐 가치↓'로, '꽃이 피고 열매를 맺었다'라는 문장을 '꽃→열매'로 다양한 모양의 기호를 사용합니다. 그러면 글자 수를 줄일 수 있습니다.

　아래의 단축 기호 예시들은 제가 평소에 노트 정리할 때 사용하는 기호들입니다. 이 기호들을 사용해 노트를 정리하면 꽤 빠르게 필기할 수 있습니다. 자신만의 단축 기호를 만들어서 사용하면 훨씬 효과적으로 정리할 수 있겠지요.

단축 기호 예시

& 와	： 부연설명	必 반드시, 꼭
vs 비교	∴ 그러므로	不 틀렸다, 아니다
ex 예	∵ 왜냐하면	有 있다
× 아니다	>, < ~보다 크다, 작다	無 없다
or 또는	≠ 같지 않다	多 많다

간단한 그림도 좋습니다. 이미지로 나타내면 빠르고 직관적으로 파악

할 수 있습니다. 그림을 그려서 노트를 정리하는 방법으로 '비주얼 씽킹'이라는 것이 있는데 신기해서 연수도 들었지만 글자를 선호하는 제게는 맞지 않아서 일부만 활용하고 있습니다. 노트 중간에 간단한 그림 정도만 그려도 내용 이해가 수월해집니다. 그림을 못 그려도 좋습니다. 스스로 알아볼 수 있다면 충분합니다.

노트에 정리를 할 때는 **핵심 단어를 위주로 정리하는 것이 효율적입니다.** 제가 '단축 기호 예시'에도 써 놓았지만 **한자를 적절히 활용하는 것도 좋습니다.** '도파민 중독은 도파민이라는 신경 전달 물질이 과도하게 분비되는 것이다'라는 문장이 있다면 '도파민 중독: 도파민(신경 전달 물질)多'로 줄여 쓰면 명확하고 간결합니다.

암기해야 할 중요한 단어나 개념은 형광펜으로 표시합니다. 이 방법은 단어를 뇌에 각인시키는 효과가 있어서 기억에 더 오래 남게 합니다. 여러 색이 남발되면 오히려 산만하게 느껴질 수 있으니 색의 종류는 제한합니다. 그림, 도표, 그래프 등을 활용하는 것도 좋습니다.

과학 교과서의 '물질은 순물질과 혼합물로 나뉜다. 순물질은 한 가지 물질로 끓는점, 녹는점, 어는점, 밀도 등이 일정하다. 순물질에는 산소, 수소, 질소, 구리, 철 등과 같이 한 종류의 원소로 이루어진 물질이 있고 물, 설탕, 염화 나트륨, 이산화탄소 등 두 종류 이상의 원소로 이루어진 물질이 있다. 혼합물은 두 가지 이상의 순물질이 섞여 있는 물질로 성분 물질의 성질을 그대로 가진다. 성분 물질의 혼합 비율에 따라 끓는점, 녹는점, 어는점, 밀도 등이 다르다. 성분 물질이 고르게 섞여 있는 혼합물을 균일 혼합물이라고 하는데 소금물, 공기, 탄산음료,

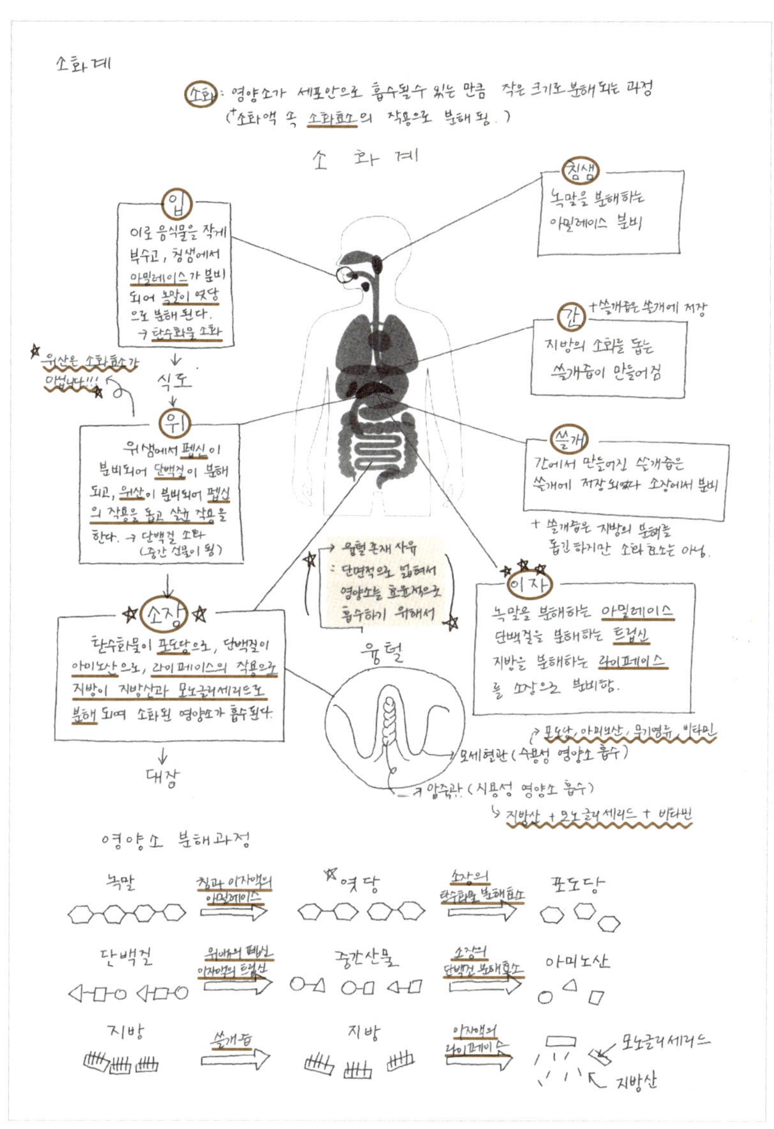

그림으로 설명한 노트 정리

합금 등이 있고 성분 물질이 고르지 않게 섞여 있는 혼합물을 불균일 혼합물이라고 하는데 흙탕물, 우유, 암석, 과일주스 등이 있다'라는 문장이 있다고 하겠습니다. 이 문장은 한눈에 들어오지 않습니다. 이 문장을 표로 바꾸어 보겠습니다.

글보다 표가 훨씬 이해하기 쉽지 않나요? 노트 정리는 간단명료해야 합니다.

요약 정리 문제집을 보면 교과서의 내용이 간결하게 잘 정리되어 있습니다. 그런 문제집을 보는 것도 좋습니다. 하지만 스스로 사고해서 정리해야 그 과정이 머리에 남습니다. 남이 정리해 놓은 내용은 내 것이 아니라 남의 것입니다.

노트 정리를 하려면 먼저 교과서를 읽으면서 내용을 요약하며 정리해야 합니다. 문제집은 내가 정리한 내용과 비교하면서 빠뜨린 부분이 없는지 확인하는 용도로 활용합니다. 먼저 교과서를 읽고 노트를 정리해야 제대로 공부할 수 있습니다.

수업 시간에 필기하기

수업 시간에 필기하는 건 너무 당연한 거 아니냐고요? 그렇지 않습니다.

많은 학생들이 수업 시간에 필기하지 않고, 선생님이 적으라고 할 때만 겨우 필기합니다. 하지만 필기하지 않으면 수업에 집중하지 못할 가능성이 큽니다. 잠깐 딴생각을 하면 그 내용이 기억나지 않았던 경험이 있을 겁니다. 청각직인 자극이 주어진다고 해서 그것을 모두 인지하는 것은 아닙니다. 집중해야 인지할 수 있습니다. 수업 시간에 집중하라는 말은 많이 들었지만 어떻게 하는지 모르는 학생들이 많습니다.

초등 수업은 활동 중심이지만 중학생이 되면 학습 위주로 바뀌고 수업 시간도 늘어납니다. 집중하지 않으면 늘어난 학습 내용을 이해하기 어렵습니다. **집중하기 위한 좋은 방법은 '필기하면서 듣는 것'**입니다. 필기하려면 수업에 집중해야 하고, 집중하지 않으면 필기할 수 없습니다.

사람의 기억력은 유한합니다. 모든 것을 다 기억할 수 없습니다. 수업 시간에 선생님이 설명하는 내용을 듣고 있으면 다 이해할 수 있을 것 같습니다. 그래서 '필기할 필요 없다, 저 정도는 다 기억한다'고 생각합니다. 수업을 듣는 것은 선생님의 사고 과정을 따라가는 것이지 자신이 능동적으로 사고하는 과정이 아닙니다. 그것을 내가 이해했다고 착각해서는 안 됩니다. 수업 시간 후에 배운 내용을 다시 보면 기억이 잘 나지 않는 이유가 그것 때문입니다.

간혹 학생들이 "선생님이 설명해 줄 때는 다 알겠는데, 복습하려고 문제집을 보면 무슨 말인지 모르겠어요"라고 합니다. 제가 "선생님이 설명한 거 다 이해했어?" 하고 물으면 "선생님이 설명을 잘해 주셔서 다 이해했어요"라고 답합니다. 설명을 잘해 줬다고 말해 줘서 고맙기는 하지만 스스로 공부했냐고 물어보면 "선생님이 설명을 다 해 주셨는데 왜 또 공부해야 해요?"라고 묻습니다. 스스로 공부해서 내것화하는 시간이 빠진 거죠. 그 시간이 없으면 공부했다고 하기 어렵습니다.

낯선 곳에 갈 때 네비게이션의 안내에 따라 길을 찾는 경우가 많습니다. 그런데 주변을 돌아보거나 살피지 않고 알려 주는 대로만 가면 나중에 그곳에 다시 가도 길을 기억하지 못합니다. 시키는 대로 수동적으로 갔기 때문입니다. 네비게이션을 활용하더라도 주변을 돌아보면서 그 길을 어떻게 가야 하는지 능동적으로 살펴야 합니다.

공부도 마찬가지입니다. 수업 시간에 스스로 그 내용을 이해하겠다는 목표 없이 선생님이 수업하는 대로 수업 내용을 듣기만 하면 복습할 때 무엇을 어떻게 공부했는지 기억나지 않습니다. 수업을 듣기 전에 무엇을 배우는지 살펴보고 수업 시간에는 적극적인 자세로 능동적으로 학습해야 합니다. 가장 적극적이면서 능동적인 것이 필기입니다.

제가 만났던 학생 중에서 가장 인상 깊었던 **전교 1등 학생은 수업 시간 전에 미리 교과서의 내용을 훑어보고 수업 시간에 자신이 이해한 내용과 선생님의 수업 내용을 비교했습니다.**

그 학생이 이해한 내용이 맞을 때도 있지만 틀릴 때도 있었습니다. 그러면 쉬는 시간에 찾아와 '자신은 이 내용을 이렇게 해석하고 이해했는데 선생님은 다르게 설명하셨다, 왜 그렇냐'고 질문했습니다. 그 학생의 노트에는 자신이 이해한대로 정리되어 있었습니다. 그것을 보면서 그 학생이 수업 내용을 어떻게 이해했는지 파악하고 설명해 주었습니다. 아주 일부만 설명했지만 그 학생은 "아!" 하고 금방 이해했습니다. 자신이 이해한 내용을 보충해서 정리하는 모습을 보며 '이 학생은 참 능동적으로 공부하는구나' 하는 생각이 들었습니다.

물론 모든 학생이 이 학생처럼 공부하고 필기하는 것은 힘듭니다. 저도 지금껏 그렇게 공부하는 학생을 본 것은 열 손가락 안에 꼽거든요. 하지만 자신만의 방법으로 수업 내용을 정리할 필요는 있습니다.

학생들에게 이 학생의 이야기를 하며 필기해야 한다고 하면 뭘 필기해야 할지 모르겠다고 대답합니다. **뭘 필기해야 할지 모르겠다면 처음에는 수업 시간에 다루는 내용을 최대한 써 봅니다. 쓰다 보면 스스로 필기하는 요령이 쌓이기 시작합니다.** 그래야 문장을 줄이는 방법, 나만의 기호를 사용하는 방법, 중요한 부분을 구분하는 방법 등을 궁리하게 됩니다. 노트 필기의 다양한 방법이 있지만 그것은 참고 자료일 뿐입니다. 스스로 필기하는 방법을 찾아야 합니다.

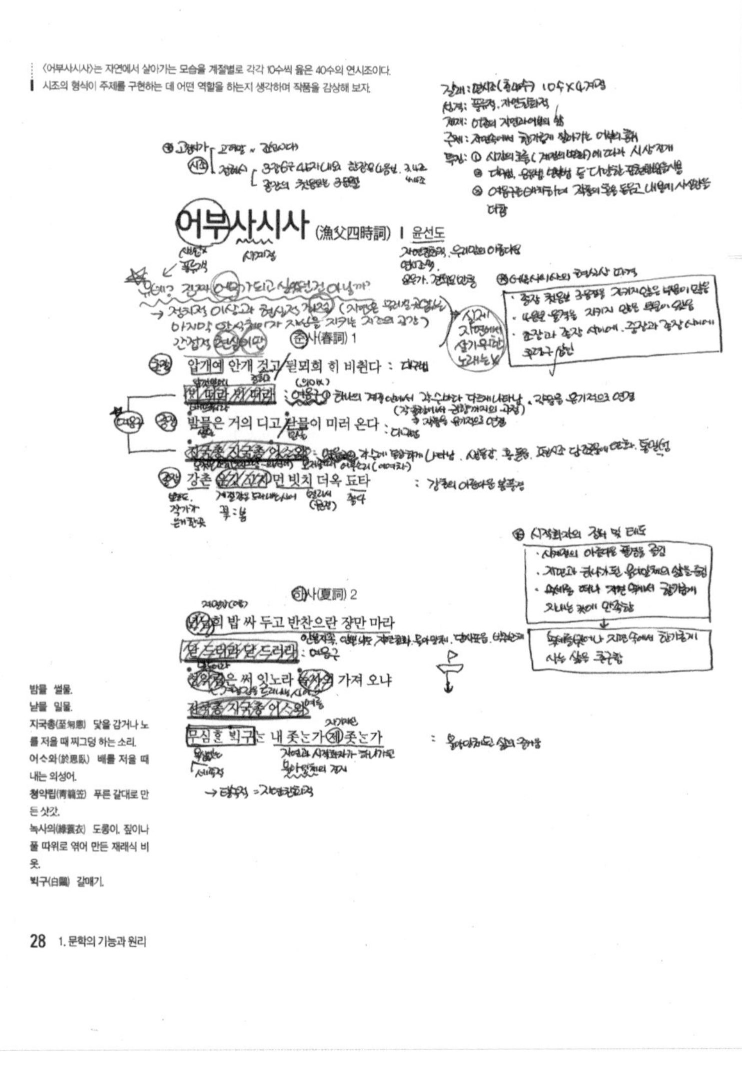

전교 1등 학생의 필기

<송대의 사회와 문화>

1. 사회 : 송대에는 과거제가 정비되면서 유교적 소양을 갖춘 사대부가
   사회의 지배층으로 등장함

<1> 사대부 : 경전의 글자나 문구해석에 집중하던 풍조의 훈고학을 비판하고
   인간과 우주 만물의 본질을 탐구하려는 성리학을 발전시킴.

※ 성리학
   남송의 주희에 의해 집대성된 유학이다.
   대의 명분과 한족의 우월성을 강조하는 화이론을 중시하였다.

2. 문화 : 송대에는 서민의 사회, 경제적 지위가 향상됨
→ 만담, 곡예, 인형극, 동물 서커스 등 서민 오락이 성행함
→ 제지법 발달
→ 4대 발명품 : 유럽까지 전파되어 유럽사회에 큰 영향을 줌
→ 과학 기술 발달

morning glory

나름의 체계를 갖추어 구조화한 노트 정리

／ 한글의 창제원리
ㄷㄱ 세종대왕에게 직접 듣는 한글 이야기

1. 한글의 창제 시기와 반포시기

(1) 창제시기 (1443년 음력 12월)
(2) 반포시기 1446년 음력 9월 ← 3년 차이남

2. 기사문 작성 계기
① 한글을 만든 까닭을 알아보기 위해서
② 각각의 한글들은 어떤 원리로 지어
졌을지 궁금해서
③ 한글의 특성을 알기위해서

조선의 근대화 추진

강화도 조약 배경: 운요호 사건 (함대 끌고 와서 공격하려고해서 우리가 공포탄 쏘니까)

강화도조약 내용
- 항구개항
- 해안측량권 [연근해]
- 영사 재판권

 : 우린 그럴 생각이 아니었는데 왜그래 T, 아란리 힘, 몰아내라 함

결과: 일본과 강화도조약 맺고 개항 (불평등, 최초의 근대적 조약 / 한계점: 불평등한 내용포함)

 : 아직 서양 문물을 수용하여 국력을 발전시키고자 개화정책 추진

 : 청(영선사), 일본(조사시찰단)에 사절단 →기도도시키로

갑신정변 배경: 정부의 개화정책에 대한 반발·대립

급진 개화적 정강소

전개: 박영효, 서광범, 서재필, 김옥균 등이 급진적인 개혁 추진은

- 청에 대항하려 조공
- 권력층 모으기
- 조선이 자주독립국가임을 강조

 위해 갑신정변을 일으킴, 정권 장악

결과: 청의 군사 개입으로 인해 3일만에 진압, 실패

군대 축인가 4러음을 탐관오리의 횡포에 반발한 동학들이 동학 농민운동을 일으킴
위한 정책·인간 활동

            과거제
조선은 갑오개혁은 추진하여 신분제를 폐지하고 근대 문물·제도 도입

  ↓← 서재필의 「독립신문」과 독립협회 제작, 만민공동회 등의 운동

을미사변 발생, 고종이 일본의 관심을 피하여 러시아 공사관으로 거처 이동
                 갑오개혁 중단   →아관파천(1896)

국가 안위를 걱정하는 목소리가 높아져 고종은 경운궁(덕수궁)으로 돌아봄
연호를 광무로 정하고 황제에 즉위하여 대한제국의 수립을 선포

근대적 개혁 재추진, 대한국국제를 반포하여 대군이 전제군주 구가됨

우선 수업을 들을 때 교과서를 보면서 선생님의 설명을 따라 써 봅니다. 수업 시간에 수업을 듣는 것은 시험을 출제하는 선생님의 시각으로 교과서를 읽는 것입니다. 선생님이 교과서를 어떻게 설명하는지, 어떤 내용을 필기하는지 등을 꼼꼼히 따라가면서 수업을 듣습니다. **선생님들은 교과서에서 부족하다고 생각되는 부분은 프린트로 만들어서 나눠 줍니다.** 중요하다고 생각하는데 교과서에 없어서 따로 챙겨 주는 것이니 당연히 중요하겠지요? 이 프린트까지 함께 꼼꼼하게 봐야 합니다.

처음에 제가 '학생들은 필기하라고 해야 필기한다'고 한 말을 기억하나요? 선생님이 교과서에 없는 말을 하거나 필기하면 무조건 적어야 합니다. 프린트를 주는 것과 마찬가지로 그 말을 하거나 필기하는 이유는 그 내용이 필요하기 때문이거든요. 반드시 기억해야 하는 내용인 거죠.

교과서에 필기할 때는 교과서 여백을 활용합니다. 여백이 부족하다면 포스트잇 등을 활용하거나 다른 페이지에 필기하고 'p30 참고'라고 써 두는 것도 좋습니다. 저는 *1, *2 등으로 쓰고 다음 페이지에 *1에 이어지는 내용을, 그다음 페이지에 *2에 이어지는 내용을 정리하기도 합니다.

수업 시간에는 너무 많은 색을 사용하는 것은 자제합니다. 색을 바꾸려면 계속 필기구를 바꿔 들어야 하는데 시간 소모가 큽니다. 파란색과 빨간색 정도면 충분합니다. 그걸로 부족하면 밑줄이나 물결무늬 줄, 동그라미, 세모, 네모 등의 다양한 모양을 이용하며 필기합니다.

수업을 듣다가 궁금한 점이 생기면 수업이 끝난 뒤에 바로 선생님께

여쭤봅니다. 그래야 그 시간에 배운 내용을 제대로 이해할 수 있습니다. 궁금한 점이 해결되면 노트에 작은 글씨로 정리해 둡니다. 나중에 그 궁금증을 떠올렸을 때 바로 확인할 수 있습니다.

수업을 마치고 1~2분 정도 자신이 정리한 내용을 보면서 복습합니다. 수업 시간에 많은 내용을 다룬 것 같아도 실제로 필기한 것을 보면 많지 않습니다. 학교 수업은 교실 내의 다양한 학생들을 이해시키는 과정이기 때문에 개개인의 속도에 맞춰야 해서 빠르게 나갈 수 없습니다. 그 시간의 복습도 오래 걸리지 않습니다. 필기 내용을 눈으로 스윽 읽으면서 중요하다고 생각하는 부분에 밑줄이나 동그라미를 하는 것으로 충분합니다. 선생님이 강조했거나 기억할 부분이 있다면 그 부분도 표시해 두고요. 어느 정도 이해가 된 상태에서 보는 것과 시간이 한참 지나 기억이 잘 나지 않는 상태에서 보는 것은 큰 차이가 있습니다.

수업 중에 하는 필기는 체계를 갖추었다기보다 수업 내용을 정리만 했을 가능성이 큽니다. 필기에 익숙하지 않다면 배운 내용과 필기를 토대로 다시 정리하는 것이 좋습니다. 어느 정도 필기에 익숙해졌다면 필기를 새로 하기보다 이미 한 필기에 살을 붙이는 식으로 정리를 다듬습니다. 아무리 집중해서 수업을 들어도 그것을 나의 것으로 재구성하지 못하면 사라집니다. 잊기 전에 정리해서 나의 것으로 차곡차곡 쌓아야 합니다.

노트 정리를 할 때 가장 중요한 것은 '나'입니다. '내'가 기억하기 쉽고 '내'가 이해하기 쉬워야 합니다.

노트를 정리하는 요령

교과서를 읽는 것은 내용을 받아들이는 과정이지만 노트 정리는 빈 종이에 내가 스스로 내용을 정리해 나가는 과정입니다. 아무것도 없는 공간에 새로운 것을 채워 넣는 일은 많은 노력과 에너지를 필요로 합니다. 필기도 마찬가지입니다.

국어 수업 시간에는 스스로 읽고 생각해서 답하는 것이 많습니다. 저는 가능한 한 학생들이 직접 생각하고 자신의 언어로 표현하기를 바라지만 그것이 쉽지 않습니다. 필기를 시키려 할 때마다 학생들이 가장 자주 하는 말이 "선생님이 그냥 정리해 주면 안 돼요?"입니다. 그러면 학생 입장에서 좀 덜 능동적으로 공부해도 되거든요.

그 말은 공부할 때 머리를 덜 쓰겠다는 의미이기도 합니다. 무엇이든 쉽게 얻을 수 있는 건 없습니다. 뇌를 비롯한 우리의 신체는 괴롭힐수록 강하게 각인됩니다. 운동도 힘들수록 효과가 크듯 공부도 편하게 하면 금세 잊힙니다. 힘들고 어렵게 한 공부가 더 오래 기억에 남습니다. 그렇다고 무작정 어렵게 공부하라고 하면서 빈 종이에 정리하라고 할 수는 없습니다. **노트 정리를 잘하기 위해서는 몇 가지 요령을 알고 있어야 합니다.**

가장 먼저 할 일은 큰 줄기를 잡는 것입니다. 중심 개념이나 흐름을 먼저 파악해야 세부 내용을 공부하기 수월합니다. 큰 줄기는 교과서의 목차를 참고합니다. 우리는 교과서를 늘 읽어 왔지만 그것을 만드는 사람이 어떻게 만드는지에 대해서 생각해 본 적이 없습니다. 교과서를 만드는 사람은 이 교과서를 통해서 학생들이 수월하게 공부했으면 하고 바랄 것입니다. 그러면 학생들이 이 교과서를 공부하면서 어떻게 공부하면 수월하게 공부할 수 있을 것인가에 따라 교과서 전체를 구성했을 겁니다. 교과서의 흐름을 따라가면 학생들이 공부해야 할 내용을 이해할 수 있도록요. **교과서의 목차를 따라가면 교과서를 만든 저자들이 만든 큰 흐름을 따라갈 수 있을 겁니다.**

그런 생각을 가지고 교과서를 다시 살펴보면 교과서는 대단원의 내용을 학습하기 위해 소단원을 구성되고, 소단원의 내용을 학습하기 위해 여러 소제목과 교과서의 내용이 이어지게 설계되어 있다는 것을 알 수 있습니다. 이 전체적인 흐름이 이어지도록 노트를 정리해야 합니다.

다음으로 중요한 것은 가독성입니다. 노트에 내용이 너무 빽빽하게 들어가거나 한눈에 들어오지 않으면 나중에 복습할 때도 도움이 되지 않습니다. 노트 두께는 교과서보다 훨씬 얇습니다. 방대한 교과서의 내용을 압축해서 노트에 정리하는 거죠.

단원의 학습 목표, 선생님이 강조한 부분, 밑줄 친 문장 그리고 핵심어를 중심으로 정리해야 합니다. 서논술형 평가에서 선생님들이 중요하게 보는 것 중 하나가 핵심어의 유무입니다. 서논술형 채점 기준에 '○○○(핵심어)가 없으면 점수 없음'이라는 문구가 자주 등장합니다. 핵심어가 얼마나 중요한지 짐작할 수 있겠지요? 노트는 반드시 핵심어를 중심으로 구성해야 합니다.

핵심어에 색을 다르게 하거나 형광펜을 칠하면 기억하는 데 도움이 됩니다. 다른 부분과 시각적으로 구분되어 기억이 잘 나도록 하기 위함입니다. 단, 모든 부분에 형광펜을 칠하면 핵심을 찾기 어렵습니다. 정말로 핵심이 되는 단어에만 형광펜을 칠해야 합니다.

노트를 정리하다 보면 이해가 되지 않거나 잘 외워지지 않는 부분이 생기도 합니다. 이럴 때는 포스트잇을 활용해 따로 표시해 두는 것이 좋습니다. 노트를 복습할 때마다 그 부분을 확인하며 다시 읽고 이해하거나 암기합니다. 주의 집중한 순간이 기억에 더 강하게 남습니다. 포스트잇으로 따로 표시해 두는 것만으로도 집중을 유도할 수 있습니다. 여러 번 반복해서 충분히 이해하고 외우면 포스트잇을 떼면 됩니다.

소단원들을 정리하고 나면 전체 단원은 마인드맵으로 정리해 봅니다. 한 단원의 내용을 한 페이지에 담는 거죠. 마인드맵은 중심 주제를 가운데 두고 관련된 키워드를 방사형으로 연결하는 구조로, 전체 주제를 직관적으로 볼 수 있습니다. 예쁘거나 알록달록하지 않아도 됩니다. 키워드가 잘 연결되고 내가 알아볼 수 있으면 됩니다. 개념을 연결하며 개념 간의 관계도 이해할 수 있습니다.

필기를 할 때는 시각적으로 하는 것이 좋습니다. 시각적인 필기는 뇌의 양쪽 반구를 모두 자극할 수 있습니다. 좌뇌는 언어적 정보를 처리하고 우뇌는 이미지와 공간적 구성에 관여합니다. 시각적인 필기는 좌뇌와 우뇌를 동시에 쓰게 되어 기억력과 이해도가 함께 향상됩니다.

노트를 정리하는 다양한 방법을 시도해 보고 어느 것이 나에게 가장 편리한지, 기억이 잘 되는지 찾아서 발전시켜 나가면 나중에는 시간이 오래 걸리지 않아도 효과적으로 노트 정리를 할 수 있을 겁니다.

2. 위치에 따른 주민 생활
(1) 공간 규모에 따른 위치 표현
    └ 공간 규모에 따라 표현 방법이 달라짐
1) 넓은 공간의 위치 표현 (한 국가의 위치)
   → 대륙과 해양 (ex) 아시아, 태평양) → 국가, 지역
2) 좁은 공간의 위치 표현
① 도로명 주소 (2011 사용시작) → 도로에는 이름, 건물에는 번호를 부여
   ex) 완월남로 20 (완월남로의 20번째 건물)
② 랜드 마크 (상징성에 따라 표현될 수 있는 범위가 다르다)
   → 지역을 대표하는 건물, 장소 (ex) 에펠탑, 경복궁, 광화문, 자유의 여신상)
3) 다양한 공간의 위치 표현 (넓은/좁은 공간 둘 다 가능)
   → 위도와 경도

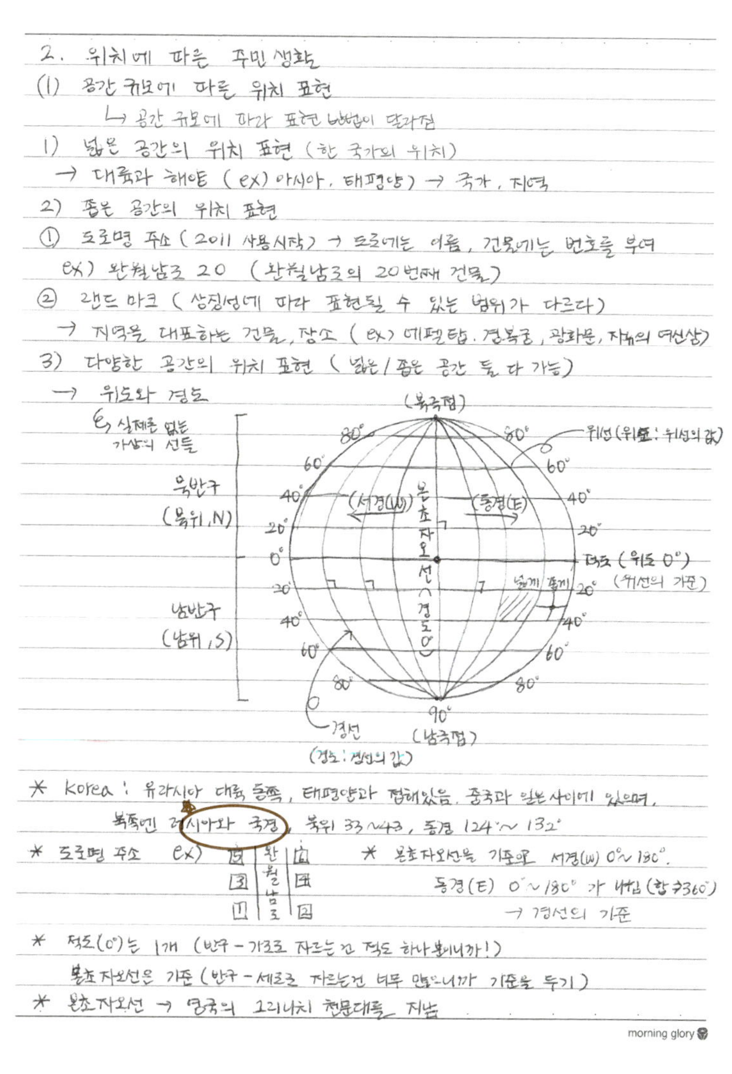

* korea : 유라시아 대륙 동쪽, 태평양과 접해있음. 중국과 일본 사이에 있으며,
    북쪽엔 러시아와 국경, 북위 33~43, 동경 124°~132°
* 도로명 주소   ex) 완철남로
* 본초자오선을 기준으로 서경(W) 0~180°,
    동경(E) 0°~180° 가 나뉨 (합 ≠360)
    → 경선의 기준
* 적도(0°)는 1개 (반구 - 가로로 자르는 건 적도 하나 뿐이니까!)
    본초자오선은 기준 (반구 - 세로로 자르는건 너무 많으니까 기준을 두기)
* 본초자오선 → 영국의 그리니치 천문대를 지남

문제집을 풀기 전에 노트 읽기

시험 기간이 되었습니다. 반마다 진도가 달라서 시험 범위까지 진도를 다 나갔는데도 시험 날짜까지 한 시간이 남는 반이 있습니다. 그 반의 학생들에게 자습 시간을 주었습니다. 학생들은 너도나도 문제집을 꺼내서 풀기 시작합니다. 시험이 임박해서 그런지 장난을 치거나 딴짓하는 학생은 거의 없습니다. 조용히 학생들의 모습을 관찰했습니다. 한참 문제를 풀던 학생들은 어느 정도 풀었다는 생각이 들었는지 채점합니다. 슬쩍 보니 문제집에 비가 주룩주룩 내립니다. 자신의 채점 결과를 보고 복잡한 표정을 짓던 학생이 갑자기 저를 보더니 자리에서 벌떡 일어나 제게 옵니다.

"선생님, 이거 설명해 주세요."

"너, 교과서나 노트 정리한 걸 읽고 이해한 뒤에 풀었어?"

"아니요, 어차피 문제 풀 건데 문제 풀고 모르는 거 찾아보는 게 더 빨라요."

과연 그럴까요? 얼핏 보면 교과서나 노트 정리한 것을 공부하지 않고 문제집을 곧바로 푸는 것이 빠른 길 같지만 실제로는 그렇지 않습니다. 문제를 푸는 시간, 틀린 것을 다시 확인하는 시간을 생각해 보면 **문제집을 풀기 전에 교과서를 먼저 읽거나 정리 노트를 먼저 공부하고 문제를 푸는 것이 오히려 시간을 단축할 수 있습니다.** 공부했다면 틀리지 않았을 부분을 공부하지 않아서 틀리고 난 뒤 다시 공부해야 하니까요.

제게 질문하는 학생들에게 틀린 문제를 설명하면서 결국 다시 꺼내

ㄱ. 개인과 사회생활

이. 사회화와 청소년기

[1] 인간은 어떻게 사회적 존재로 성장할까?

　　1. 사회적 존재로서의 인간

　　　　・ 사회적 존재라는 것의 의의 :

　　2. 사회화 ①의 의미

　　　　② 기능　　① (　)적 측면　i)
　　　　　　　　　　　　　　　　　ii)
　　　　　　　　② (　)적 측면　i)
　　　　　　　　　　　　　　　　　ii)
　　　　　　③ 특징　　①
　　　　　　　　　　　②

　　3. 사회화 과정

　　　　・ 시기별 사회화 과정　유아기
　　　　　　　　　　　　　　　　아동기
　　　　　　　　　　　　　　　　청소년기
　　　　　　　　　　　　　　　　성인기

　　　　재사회화　ㅡ 의미
　　　　　　　　ㅡ 특징
　　　　　　　　ㅡ 사례

자신만의 방식으로 만든 빈칸 노트 1

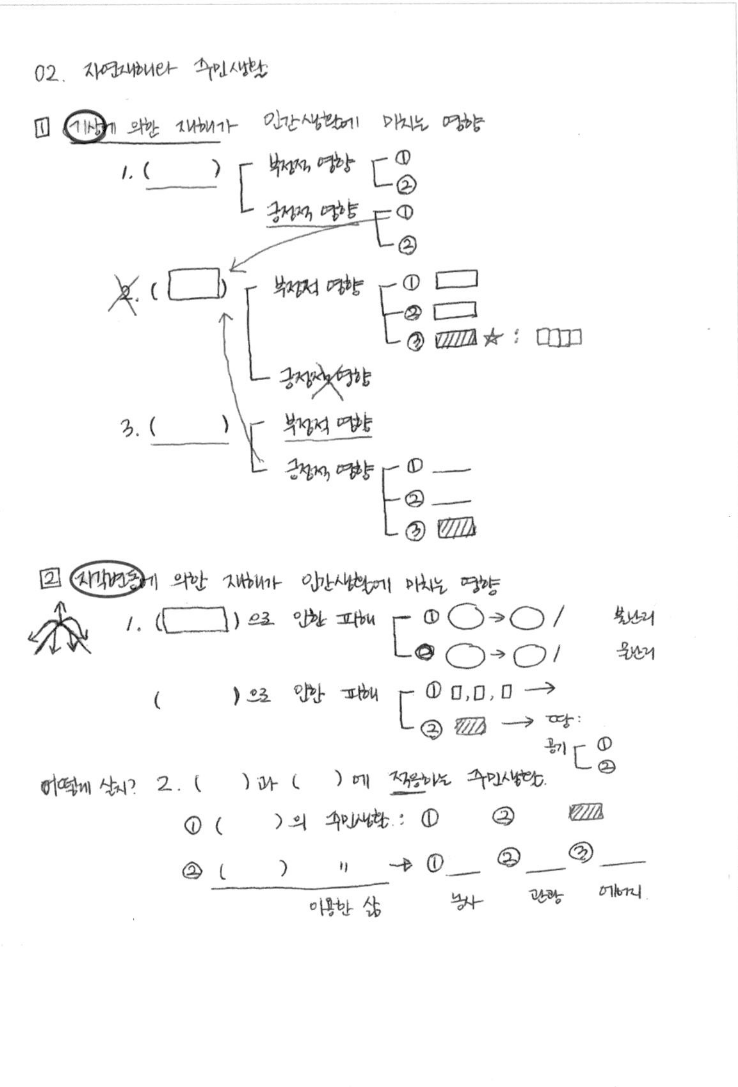

자신만의 방식으로 만든 빈칸 노트 2

는 것은 교과서입니다. 우리가 언제, 어느 부분에서 무엇을 공부했는데 그것이 이렇게 문제가 되었다. 그렇다면 너는 이 부분을 제대로 이해했느냐고 물으면 대부분은 이해하지 못했다고 답합니다. 설명의 마무리는 항상 "다시 교과서를 읽고 공부한 뒤에, 그 내용을 다시 정리하고 문제를 다시 풀어 봐"라는 말로 끝납니다.

저는 문제집이란 내가 공부한 내용이 어떻게 문제로 구현되었는지 확인하고 내가 알고 있었던 내용을 문제의 형식으로 변환시켜 주는 것이라고 생각합니다. 내가 공부한 내용을 시험 형식으로 재현해 보는 것이죠. 공부를 했는데 그것이 문제로 어떻게 나올지 막막해하는 경우가 많거든요. 그럴 때 문제집을 풀면서 내가 공부한 것을 어떤 방식으로 물어보는지, 그렇다면 나는 내가 공부한 것을 어떻게 답으로 만들어야 하는지를 생각하는 것이죠.

그러니 문제집을 풀기 전에 당연히 교과서와 자신이 정리한 노트를 꼼꼼하게 읽으며 문제를 풀 부분을 공부해 놓아야 합니다. 그런 과정 없이 바로 문제를 푸니 공부가 재미도 없고 당연히 다 틀릴 수밖에요.

많은 학생이 노트 정리 따로, 문제집 공부 따로입니다. 기껏 노트 정리를 해 놓고 노트를 보지 않으면 노트를 정리한 의미가 없습니다. 에빙 하우스의 망각 곡선은 너무나 유명합니다. **수업이 끝나고 나면 그 내용을 잊지 않도록 노트 정리를 하며 공부해야 합니다. 그리고 그 노트를 꾸준히 공부해야 합니다. 아무리 꼼꼼하게 노트 정리를 해도 반복해서 읽고 복습하지 않으면 기억이 나지 않습니다.**

노트를 공부하라고 하면 막막해하는 경우가 많은데 **문제집을 풀기 전**

에 정리 노트를 먼저 읽으면 됩니다. 자신이 직접 정리한 노트이므로 읽으면 그 노트를 정리할 때의 상황이 떠오를 겁니다. 그 과정에서 내가 알고 있던 것은 좀 더 명확하게 정리가 되고 기억이 잘 나지 않던 것은 다시 기억할 수 있습니다. 그리고 문제로 풀면서 두 번, 세 번의 강화 학습이 이루어질 거고요. 그렇게 하면 애써 기억하려 하지 않더라도 그 내용이 기억이 잘 날 겁니다.

그렇게 공부하고 문제를 풀었는데도 틀린 부분은 내가 제대로 알지 못하는 부분이니 그 부분을 집중적으로 공부하면 되고요. 그렇게 공부를 하면 우리가 흔히 이야기하는 구멍 없이 공부를 꼼꼼하게 할 수 있습니다.

대표적인
노트 정리법

코넬식 노트 필기법

소단원을 정리할 때 가장 추천하는 방법은 '코넬식 노트 필기법'입니다. '코넬식 노트 필기법'은 미국 아이비리그 코넬 대학교 월터 파우크(Walte Pauk) 교수가 1950년에 개발한 것으로 기존 유선 노트를 2분할 내지 3분할해서 노트를 정리하는 방법입니다. 전 세계적으로 유명한 노트 정리 방식으로, 기억력이나 사고력뿐만 아니라 연습의 기능을 활발하게 해 주어 이해력도 좋아지게 한다고 알려져 있습니다.

코넬식 노트 필기법은 암기에 최적화되어 있습니다. 단서 칸에 단서가 되는 핵심 단어를 보며 요약 칸에 내용을 정리하고 그 내용을 반복해서 암기할 수 있기 때문입니다.

노트를 크게 네 부분으로 나누어서 윗부분에는 '학습 주제' 칸을 만듭니다. 거기에는 교과 단원, 수업 일자, 학습 목표 등의 대표적인 내용을 씁니다. 그 아래 왼쪽 부분에는 '핵심 키워드' 칸으로 필기 영역의 내용 중 핵심이 되는 키워드나 질문을 정리합니다. 오른쪽의 '필기 영역'을 정리한 뒤에 하면 좋겠죠.

오른쪽은 '필기 영역'으로 선생님의 강의와 교과서 내용을 중점적으로 정리합니다. 이때 주의할 점은 강의를 들었던 내용, 교과서의 내용을 단순히 베껴 적을 것이 아니라 한 번 정리한 다음, 추후에도 그 부분을 읽으면 내용이 떠오를 수 있도록 나만의 표현법으로 바꾸어서 필기해야 합니다. 개요식으로 쓰되, 핵심어를 중심으로 씁니다. 중요한 내용에는 밑줄을 긋거나 별표 등 다양한 표시를 합니다. 예시가 필요할 때는 ex) 등의 표시도 합니다. 저는 ∴, ∵, ≠ 같은 수학 기호는 물론, 부등호 등의 기호도 즐겨 사용하는 편입니다. 교과서의 내용을 가능한 짧게 요약해서 노트에 정리한 내용이 한눈에 들어오게 씁니다.

맨 아래에는 맨 위의 '제목 영역'과 같은 크기의 공간을 두어, '내용 요약'으로 활용합니다. 노트 필기 영역 중 중요한 내용만 2~4줄 정도로 간단하게 정리하되 학습 목표가 잘 드러나게 정리합니다. 코넬식 노트 필기법을 표로 작성하여 소개합니다. 번호 순으로 정리하면 됩니다.

코넬식 노트 필기법은 논리적이면서도 기억하기 쉬운 '5R(Record, Reduce, Recite, Reflect, Review)'의 방식으로 이루어집니다. 5R을 바탕으로 다시 한번 자세하게 소개하겠습니다.

'학습 주제' 영역에는 제목과 날짜를 씁니다. '필기 영역' 부분에는

<h1 style="text-align:center">코넬식 노트 필기법</h1>

1. <학습 주제>

• 상단에 교과 단원과 수업 일자, 학습 주제, 학습 목표 등
대표 내용

3. <핵심 키워드>

2. <필기 영역>

• 필기 영역의 내용 중
핵심이 되는 키워드,
질문 등 정리

• 선생님의 강의와 교과서 내용을 중점적으로 필기
• 수업 내용을 단순히 나열하는 것이 아니라 추후에도
떠오르도록 나만의 표현법으로 바꾸어서 필기

4. <내용 요약>

• 복습 시간에 필기 영역 내용과 핵심 키워드를 참고하여
최대한 간단명료하게 요약, 정리

<h1 style="text-align:center">코넬식 노트 필기 원리</h1>

Record (기록)	Reduce (축약)	Recite (암기)	Reflect (숙고)	Review (복습)
수업 내용 중 중요한 것을 필기 영역에 적기	키워드로 정리해 '핵심 키워드' 영역에 적기	'필기 영역'을 가리고 '핵심 키워드' 영역의 단서만 보고 내용을 떠올리며 암기하기	'내용 요약' 영역에 필기와 '핵심 키워드' 영역을 보지 않고 정리하기	필기한 부분을 주기적으로 보면서 빠르게 복습하고 반복하기

최대한 자세히 기록합니다(Record). 중요한 부분은 다른 색으로 표시

하면서 꼼꼼하게 씁니다. 다시 복습할 때는 필기 영역에 적은 내용 중에서 키워드만 간추려 기록합니다(Reduce). 키워드를 통해 학습한 내용이 자연스럽게 연상됩니다. 기록하면서 의문이 나는 점이나 질문 또는 암기해야 할 것 등을 씁니다(Recite). 선생님의 설명뿐 아니라 자신이 생각하는 것도 같이 적어 놓는 것이 좋습니다. 나중에 그것이 기억의 실마리가 되어 쉽게 기억해 낼 수 있습니다. 선생님의 농담을 적어 놓는 등 수업 시간의 내용을 떠올릴 수 있는 것은 무엇이든 좋습니다(Reflect). 필기한 부분을 복습할 때는 간단한 그물망 형태로 정리하거나 복습 일기를 쓰는 등 최대한 빠르게 여러 번 반복합니다(Review).

코넬식 노트 필기법은 학생이 정보를 스스로 분류하고 재구성하도록 유도해 능동적으로 생각하게 하고 필기할 때 스스로에게 꾸준히 질문하게 합니다. 이를 통해 비판적 사고와 메타인지 능력을 강화시켜 학생 스스로 학습 내용의 의미를 구성하고 내면화합니다.

물론 이 방법을 그대로 사용할 필요는 없습니다. 코넬식 노트 필기법을 철저히 지키며 사용하는 학생은 거의 없습니다. 노트 정리의 목적은 내가 잘 기억하기 위해서이니, 이 방법이 자신에게 잘 맞으면 그대로 쓰고 그렇지 않다면 자신에게 맞게 변형해서 사용하면 됩니다.

마인드맵 노트 정리법

마인드맵 노트 정리법은 토니 부잔(Tony Buzan)이 고안한 노트 정리법입니다. 읽고 생각하고 기억해야 할 내용을 마음속에 그림을 그리듯이 표현하는 방법으로 **기억해야 할 전체 내용을 일목요연하게 파악**할 수 있다는 장점이 있습니다. 논리적 사고를 담당하는 좌뇌와 창의적 사고를 담당하는 우뇌를 사용한다는 점에서 탁월한 정리 방법입니다.

왼쪽에서 오른쪽으로 쓰는 보통의 노트 필기와 달리 마인드맵은 중심에서 바깥으로 뻗어 나가는 방사형 필기 방식을 사용합니다. 마인드맵의 모양은 뇌세포 간의 시냅스 연결의 모습과 비슷합니다.

마인드맵은 종이를 가로로 눕혀 색연필이나 사인펜으로 그립니다. 종이를 세로로 세우면 순서나 계층 같은 개념을 정리하는 데 효율적이고, 종이를 가로로 펼치면 나열이나 다양한 아이디어를 내는 데 효율적입니다. 인간의 시야는 가로로 길게 펼쳐지기 때문에 가로로 긴 공간을 사용하면 자연스럽고 안정된 느낌을 줍니다.

우선 종이 한가운데에 중심 이미지나 단어를 적습니다. 그림으로 그리면 글자보다 직관적이라 뇌에서 빠르게 받아들일 수 있습니다. 그림을 그릴 때는 너무 자세하게 그려서 시간을 많이 뺏기지는 않아야 합니다. 중심에서 뻗어 나가는 굵은 가지를 그린 후 핵심 주제와 관련된 소주제를 사용합니다. 이때 같은 개념끼리 같은 색으로 연결하고 주제가 다르다면 다른 색으로 표현해서 한 주제에 한 가지 색을 사용하는 것이 좋습니다. 가지를 많이 만들지 않도록 진짜 핵심적인 주제만 씁니다.

굵은 가지에서 뻗어 나가는 잔가지를 그리고 그 개념과 연결성 있는 내용으로 정리합니다. 잔가지는 나뭇가지가 뻗어 나가는 것처럼 점차 세부적으로 그립니다. 굵은 가지와 같은 색으로 잔가지를 그리고, 잔가지에도 굵은 가지의 주제와 연계되는 것만 씁니다. 나뭇가지처럼 뻗어 나가며 해당 이미지나 단어를 정리합니다.

각각의 가지마다 하나의 핵심 이미지나 단어로 이름을 붙입니다. 문장이 아닌 단어를 쓰고, 하나의 가지에는 하나의 단어만 씁니다. 그래야 뇌가 주제를 명확하게 인식해서 다른 생각이나 아이디어와 연결시키기 쉽고 기억하는 데도 도움이 됩니다. 선의 길이는 단어의 길이와 비슷하게 긋습니다. 선의 길이가 너무 길면 생각이 끊어질 수 있으니 적당한 길이로 씁니다. 전체적인 이미지가 떠오르게 충분히 여백을 두고, 나중에 복습할 때 그 여백을 활용합니다.

마인드맵을 복습할 때는 굵은 가지에 있는 단어를 보고 잔가지의 내용을 떠올립니다. 이렇게 글자를 떠올리는 과정을 통해 단어들을 유기적으로 연결해서 기억하는 힘이 생깁니다.

좌뇌는 글을 담당하고 우뇌는 그림과 색을 담당합니다. 핵심 단어를 쓰고 그림과 색칠로 꾸미는 마인드맵은 좌뇌와 우뇌를 유기적으로 연결하고 통합해서 두뇌의 기능을 최대한 발휘할 수 있도록 합니다.

마인드맵은 내용 전체를 한눈에 보는 정리에 유용합니다. 다소 딱딱한 코넬식 노트 필기법에 비해 마인드맵 노트 정리법은 더 재미있고 노트 정리 활동에 집중할 수 있습니다. 단점도 있습니다. 그림을 그리는 데 시간이 오래 걸리고 내용 정리보다 그림을 그리고 꾸미는 데 집중해서 자칫 주객이 전도될 수 있습니다. 어디까지나 마인드맵은 내용을 효과적으로 기억하기 위한 방법입니다. 그림을 그리거나 색칠하는 것에 빠져서는 안 됩니다. 이런 점을 염두에 두고 노트를 정리해야 합니다.

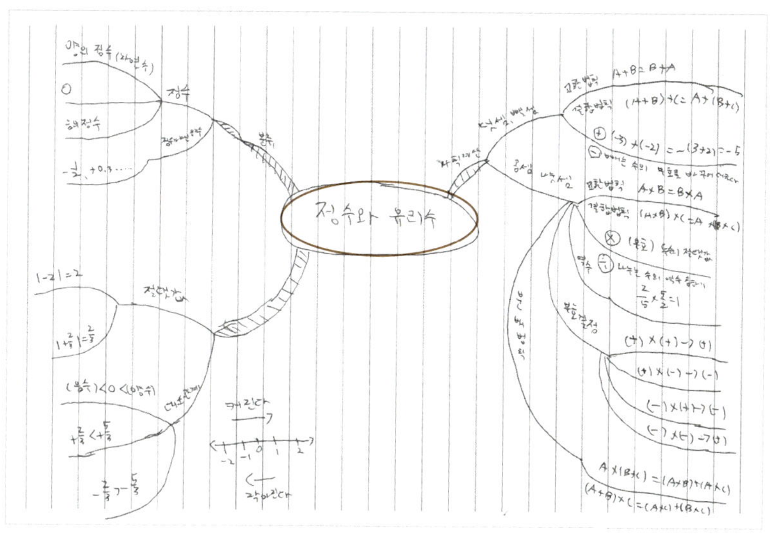

마인드맵 예시

중학생 이상이라면 색연필을 이용해서 알록달록하게 꾸미기보다 최대한 단순화하는 것을 추천합니다. 가지는 선으로 단순화해서 긋고 색을 사용할 때도 삼색 볼펜을 사용해서 단순하게 작성하는 거죠. 그리고 마인드맵은 한 단원이 끝나거나 공부를 정리하는 마지막 단계에서 정리하기 위한 용도로 활용하는 것이 효과적입니다.

마인드맵도 노트 정리법 중 하나일 뿐 필수적인 방식은 아닙니다. 중요한 것은 내용을 이해하고 자신의 언어로 재구성하는 과정입니다. 여러 방법을 시도해 본 뒤 자신에게 가장 잘 맞는 정리법을 선택하고 필요할 때 **마인드맵을 보조 도구로 활용하는 것이 현명한 노트 정리 전략입니다.**

씽킹맵 노트 정리법

씽킹맵은 1988년 미국의 데이비드 하이얼(David Hyerle) 교수가 학습자의 사고와 학습을 돕기 위해 다양한 유형의 맵을 이용해 시각적으로 표현한 정리법입니다. 씽킹맵은 머릿속에 있는 생각을 쉽게 정리하고 구조화할 수 있습니다. 씽킹맵은 8개의 유형이 있습니다.

써클맵(Circle Map)

써클맵은 개념이나 용어에 대한 정의를 내리거나 사실 관계를 나타낼 때 사용합니다. 두 개의 원으로 이루어져 있으며 가운데에 있는 작은 원에는 주제 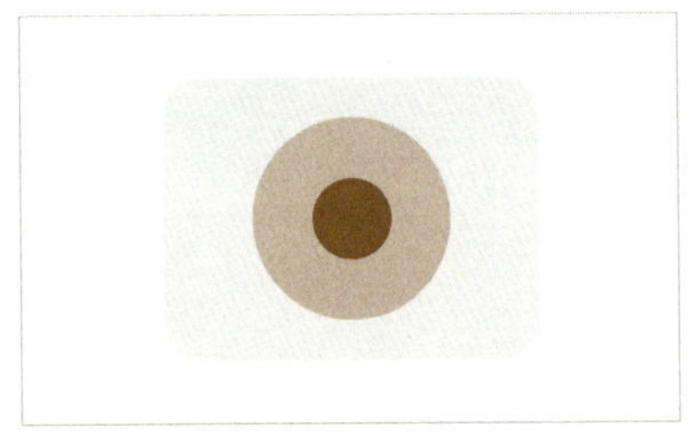 에 해당하는 단어를 적고 바깥쪽의 큰 원에는 주제에 대해 자신이 알고 있는 단어를 적습니다. 브레인스토밍과 비슷하며 글쓰기 구상이나 아이디어를 떠올릴 때 유용합니다.

버블맵(Bubble Map)

버블맵은 마인드맵처럼 중심에 주제를 적고 관련된 다양한 정보를 주변에 비눗방울 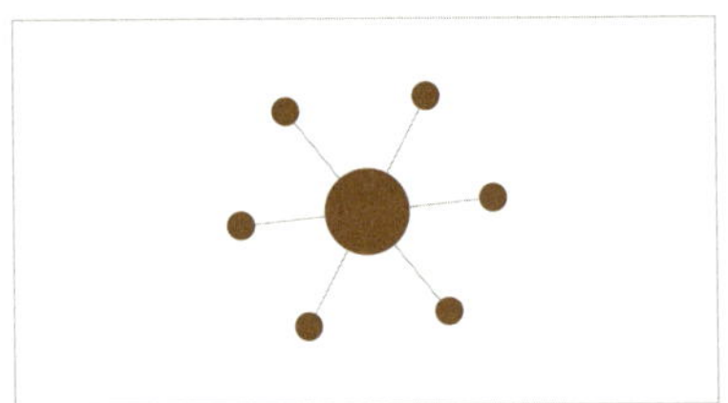 (Bubble) 모양처럼 그려서 연결

해 나가는 방식입니다. 글을 쓰거나 작품을 구성할 때 많이 활용합니다. 국어 교과서에서 설명하는 글이나 주장하는 글을 쓰기 위해서 주제를 정하고, 자료를 검색한 뒤, 그 내용을 어떻게 연결할 것인지 구상할 때 사용하면 됩니다.

더블버블맵(Double Bubble Map)

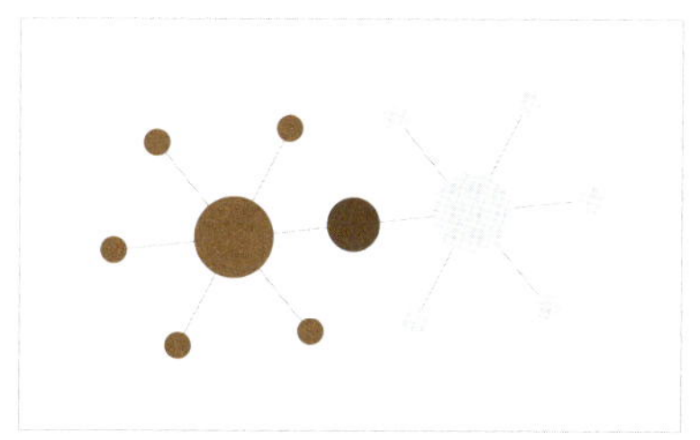

더블버블맵은 버블맵 두 개를 겹쳐 놓은 형태로 서로 다른 개념을 비교하여 공통점과 차이점을 한눈에 알아볼 수 있도록 합니다. 두 가지 사물이나 단어, 주제를 비교, 대조할 때에 도움이 됩니다. 두 주제와 연결된 것은 공통점을, 한 주제와 연결된 것은 차이점을 나타냅니다. 차이점을 쓸 때는 양쪽의 같은 위치에 쓰면 빨리 비교할 수 있습니다. 같은 범주의 내용을 쓸 때는 색을 통일해서 쓰면 효과적입니다. 다만 중등에서는 더블버블맵보다 표로 공통점과 차이점을 드러내는 경우가 더 많습니다. 좀 더 간단하게 벤다이어그램으로 표현하기도 하고요. 어떤 방법이든 알아보기 쉽게 정리하면 됩니다.

트리맵(Tree Map)

트리맵은 조직도처럼 상위·하위개념으로 분류하여 내용을 정리할 때 사용하는 방식입니다. 위에는 상위개념, 아래에는 하위개념을 정리

합니다. 전체 구조를 파악하거
나 분류에 사용할 수 있습니다.
제가 제시한 그림은 아래로 가
지를 뻗어 가지만 주제에 따라
반대로 위로 가지가 뻗어 나가

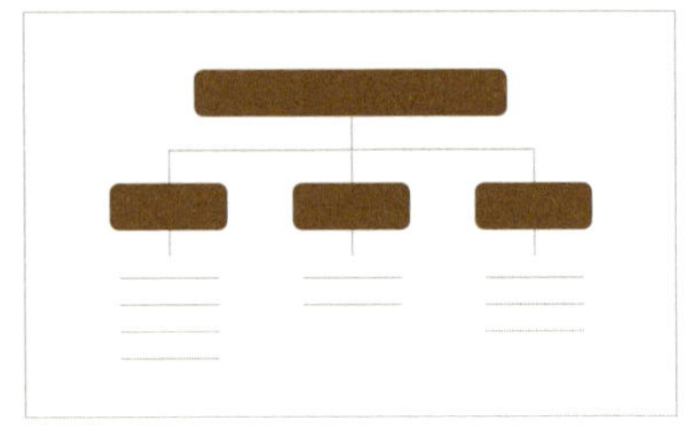

게 그릴 수도 있습니다. 이때 개념 간의 관계는 선으로 단순화합니다.
브레이스맵과 함께 중학생 이상의 학생들이 개념을 구조화할 때 많이
사용하는 유형입니다.

플로우맵(Flow Map)

　플로우맵은 시간의 흐름에 따
른 변화를 화살표로 나타내어
사건의 과정을 순서대로 정리
하는 데 사용됩니다. 순서, 단계,
시간에 따른 변화를 알아보는

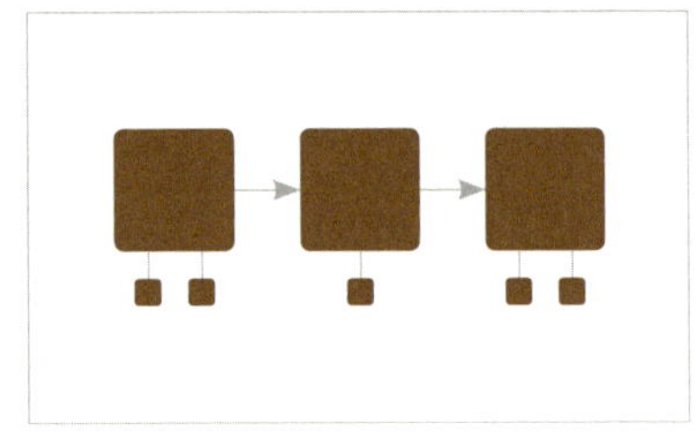

데 유용하게 활용할 수 있습니다. 직사각형 안에 사건을 쓰고, 그 아래
에 관련 내용을 정리합니다. 왼쪽에서 시작해서 오른쪽으로 정리하는
데, 기차와 같은 모양이 됩니다. 사각형 안에 정리되어서 깔끔한 느낌
이 들고 역사적 사건 등을 시간 순서에 따라 정리할 때 유용합니다.

멀티플로우맵(Multi Flow Map)

　멀티플로우맵은 사건이나 현상의 인과관계를 정리하는 맵입니다.

중앙의 직사각형에 사건을 놓고, 왼쪽 직사각형에는 그 사건의 원인을 쓰고 오른쪽 직사각형에는 그로 인해 일어나는 결과를 씁니다. 원인이나 결과의

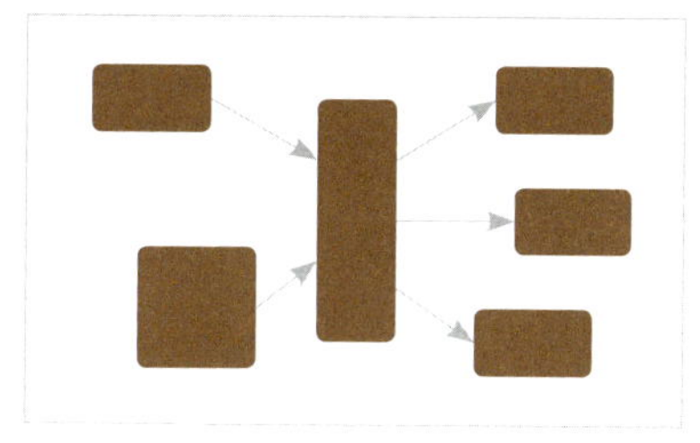

수는 정해져 있지 않습니다. 사건의 인과관계를 간략하고 직관적으로 나타낼 수 있어 이것을 표 모양으로 만들어서 과학 실험 등에서 원인과 결과를 드러낼 때 사용합니다.

브레이스맵(Brace Map)

트리맵이 위아래로 쓰는 방식이라면 브레이스맵은 왼쪽에서 오른쪽으로 정리하는 방식입니다. 상위개념과 하위개념, 전체와 부분을 왼쪽에서 오른쪽으

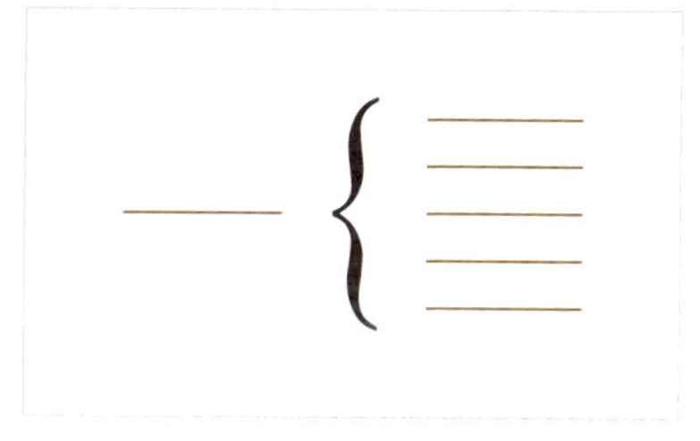

로 가지를 뻗어 나갑니다. 전체와 부분, 부분과 그 하위 부분을 나타내기에 좋습니다. 왼쪽에 가장 큰 항목을 쓰고 다음으로 이어진 선에 그 아래 항목을 쓰며 정리합니다. 저도 그렇지만 학생들이 개념을 정리할 때 가장 많이 사용합니다.

브리지맵(Bridge Map)

한 가지 사실을 통해 또 다른 사실을 유추하는 기법입니다. 과학적

개념을 나타내거나 비유와 같은 활동에서 사용합니다. 다리 위 층이나 아래층에 제시된 단어에서 떠올릴 수 있는 단어를 적습니다. 노트 정리보다 글쓰기 활동에서 효과적으로 활용할 수 있습니다.

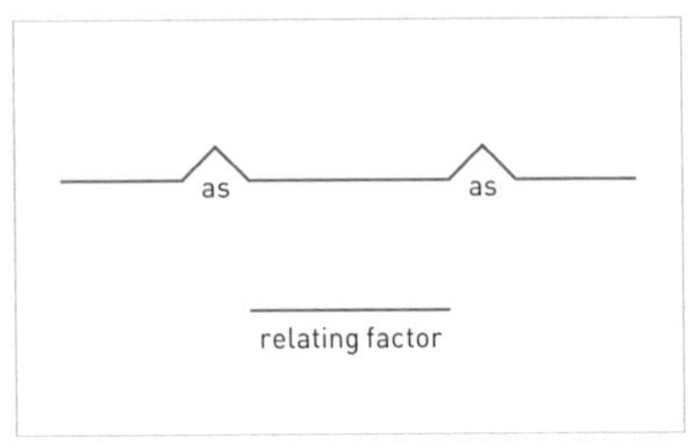

필요하면 두 가지 이상의 맵을 합해 그릴 수도 있고 이 8가지에 국한하지 않고 나만의 씽킹맵을 만들어 활용할 수도 있습니다. 이렇게 시각적으로 필기하면 학습 내용이 더욱 기억이 잘 나게 됩니다.

노트 정리 방법은 다양합니다. 그중 세 가지를 알려드렸는데요. 코넬 노트 정리법은 논리적이고 마인드맵과 씽킹맵은 직관적입니다. 중학생들이 어느 정리 방법을 더 많이 쓰냐고 묻는다면 코넬 노트 정리법을 추천합니다. 필요할 때 부분적으로 마인드맵이나 씽킹맵을 사용하는 것을 추천합니다. 또 노트 정리를 할 때 아무리 문장을 짧게 쓴다고 하더라도 내용이 길면 지루하게 느껴질 수 있습니다. 지루하면 흥미가 떨어질 수 있으니 노트 필기를 할 때 마인드맵이나 씽킹맵을 활용해 약간씩 변화를 주면, 노트를 정리할 때도 덜 지루하고 공부할 때도 더 몰입할 수 있을 겁니다.

과목별 정리 노트
활용법

국어

국어 과목은 언어 능력의 전반적인 역량을 요구하는 과목으로 문학, 비문학, 문법 등의 영역으로 구성되어 있습니다. 국어의 특성상 수업 시간에 배운 내용을 암기만 해서는 제대로 이해할 수 없습니다. 국어의 각 영역들은 접근 방식이 다르기 때문에 하나의 노트에 모든 내용을 정리하는 것보다 **영역별로 시, 소설, 문법 노트 등을 따로 만드는 것을 추천**합니다. 국어 교과서는 단원에 따라 영역이 나뉘어 있어 크게 복잡하지는 않을 겁니다.

국어 과목에서 가장 기본이 되는 것은 수업 시간에 선생님이 필기하거나 설명한 내용입니다. 농담 삼아 토씨 하나로도 의미가 달라진다고 하는데 국어 과목은 초점에 따라 큰 흐름은 같아도 살짝 다르게 설명하는 경우도 있어서 반드시 수업 시간에 집중해야 합니다. 필기도 교과서 내용뿐 아니라 선생님의 수업 내용에 초점을 두어 정리합니다.

문학 노트 정리법

문학은 고전 시가, 고전 소설, 현대시, 현대 소설, 극과 시나리오 등으로 나누어져 있습니다. **영역별로 정리하는 것이 가장 좋지만 내신을 대비하려면 단원별로 정리하는 것을 추천**합니다.

문학 작품을 가르치면서 핵심 문학 개념을 함께 익히도록 가르칩니다. 그 작품에서 공부한 문학 개념을 다른 작품에 적용할 수 있어야 하는데 문학 개념을 제대로 정리하지 않으면 다른 작품에 적용하기 어렵기 때문입니다. 시에서 공부했던 문학 개념이 소설에서 나오기도 하고 소설에서 공부했던 문학 개념이 시에서 나오기도 합니다. 문학 개념을 꼼꼼하게 공부해 두어야 합니다.

고전 작품이라도 중학생을 대상으로 할 때는 대부분 현대어로 번역되어 있어 따로 현대어로 번역할 필요가 없습니다. 하지만 고등학생 이상이라면 현대어가 아닌 고어로 표기되어 있을 수 있습니다. 교과서에 실린 문학 작품을 꼼꼼하게 읽는 것이 첫 번째입니다. 특히 시는 어떤 단어가 무슨 뜻을 지니는지 파악하는 것이 중요합니다. 단어의 뜻을 꼼꼼히 파악하며 읽고 학습지가 있다면 반드시 함께 읽은 뒤 노트 정리를 합니다.

고전 시가와 현대시를 정리하는 방법은 비슷합니다. **작품의 본문을**

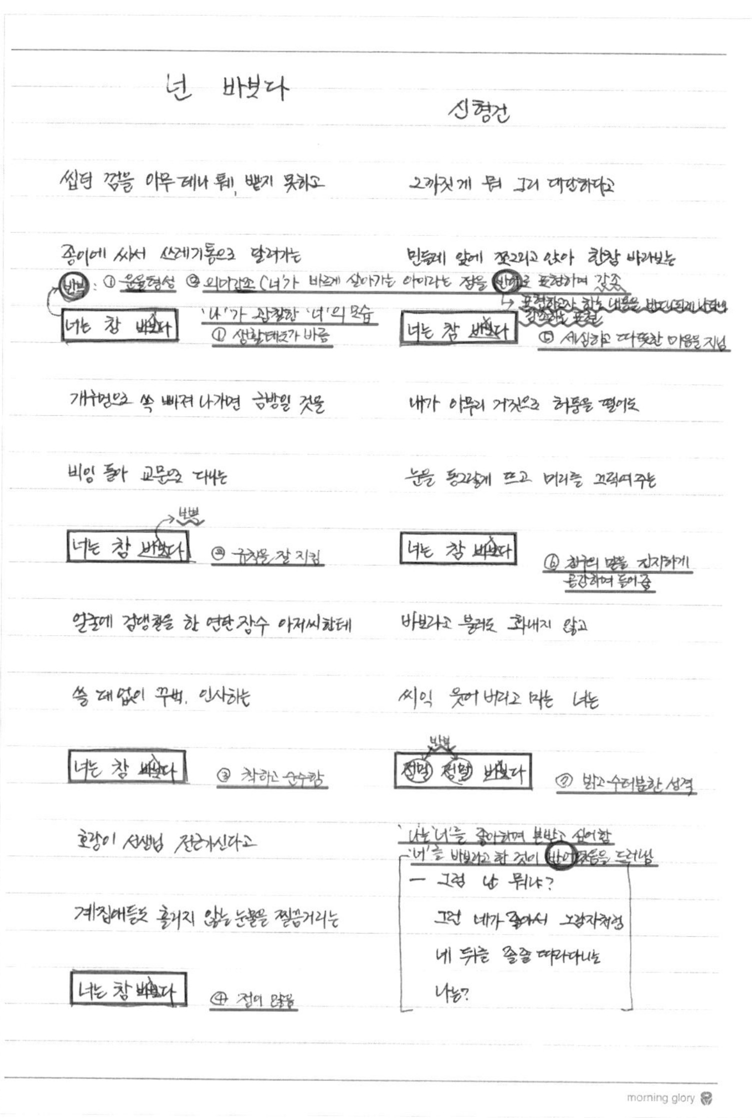

문법 개념 중심의 노트 정리

쓰고 중요한 용어들의 뜻, 의미, 주제 등을 정리합니다. 문학 개념어는 문학 작품을 해석할 때 매우 중요하므로 처음 보는 문학 개념이 있다면 반드시 그 뜻도 함께 정리합니다.

중학교 1학년을 가르칠 때 첫 단원이 '비유법'이었습니다. 이 단원의 수업 내용은 실제 비유법이 쓰인 여러 시를 읽으며 비유법이 무엇인지 공부합니다. 그리고 시를 읽으며 은유법, 직유법, 상징법을 찾은 뒤 비유법이 무엇인지 공부합니다. 비유법을 알았다면 비유법을 사용해서 자기소개 글을 써 보는 활동을 합니다. 물론, 학습 목표는 비유법을 익히는 것이었지만 비유법만 공부하지는 않았습니다. 비유법 외에 시에서 쓰인 다양한 표현법, 주제 및 작가에 대해서도 공부했습니다. 그래야 작품을 더욱 풍성하게 이해할 수 있거든요.

이렇게 공부한 내용을 노트에 정리하려면 **시를 쓰고 그 작품을 쓴 작가나 작품에 대해서 간단히 정리해서 작품의 이해를 돕습니다. 시 아래에는 수업 시간에 배웠던 다양한 표현법이나 뜻 등을 정리합니다.** 시의 아래쪽에 여백이 너무 적으면 이러한 내용을 필기하기 불편하겠지요. 시를 쓸 때는 행간 간격을 넉넉하게 두어야 합니다. 그리고 수업 시간에 배운 내용을 필기합니다. 이때, 배운 내용을 기계적으로 쓸 것이 아니라 선생님이 그 시어를 어떻게 설명했는지를 떠올리며 시어를 이해하려 해야 합니다. 그래야 시를 제대로 이해할 수 있습니다. 특히 시는 함축적인 의미가 강해 시어의 의미를 제대로 이해하지 못하면 시의 내용을 파악하기 어렵습니다.

문학의 나머지 갈래인 고전 소설과 현대 소설, 극과 시나리오는 노트 정리 방식이 비슷합니다. 소설을 중심으로 살펴보도록 하겠습니다. 이 갈래의 작품들은 길이가 너무 길어서 노트에 본문을 다 정리하기 힘듭니다. 노트에 정리하기보다 **교과서에 정리하는 것을 추천**합니다.

그래도 노트에 정리하겠다고 하면 전체적인 줄거리를 요약해서 정리합니다. 줄거리를 정리할 때는 소설 구성의 3요소에 따라 정리하는 것이 좋은데 소설 구성의 3요소는 인물, 사건, 배경입니다.

우선 인물을 찾습니다. 작품을 읽으며 등장인물이 나올 때마다 동그라미로 표시합니다. 인물들 사이의 관계에서 갈등이 발생하기 때문입니다. 인물들의 관계나 태도, 생각 등과 관련된 내용이 나오면 밑줄을 긋는 것도 좋습니다. 또한 인물들이 언제, 어디에서 어떤 사건을 벌이는지를 파악하며 찬찬히 읽어 나갑니다. 수업 시간에 선생님이 인물이 왜 그런 생각을 했는지 그런 생각이나 행동을 한 이유가 무엇인지, 그래서 다른 인물과 어떤 갈등이 발생했는지 등에 대해 설명했을 겁니다. 그런 것들을 떠올리며 읽습니다. 중간중간 문학 개념어도 있을 겁니다. 그런 것들을 모두 염두에 두고 소설을 다 읽습니다. **단순히 줄거리만 따라가는 것이 아니라 인물과 인물 간의 관계와 갈등, 그리고 작품 속에서 다루는 문학 개념어를 중심으로 읽는 거죠.** 교과서에 나오는 작품들은 분량의 압박으로 갈등이 복잡하지 않은 경우가 많지만, 작품의 내용이 잘 이해되지 않는다면 연습장을 옆에 두고 인물이 등장할 때마다 이름을 쓰고, 아래에 간단하게 정리하며 읽는 것도 좋은 방법입니다.

작품을 다 읽고 나면 동그라미 한 인물들을 바탕으로 인물 관계도를 그럽니다. 인물 관계를 파악하면 줄거리를 보다 쉽게 이해할 수 있습니다. '발단-전개-위기-절정-결말'의 소설 구성 단계로 정리하는 것도 좋습니다. 어떻게 정리해야 내가 이해하기 수월한가에 초점을 두고 정리하면 됩니다.

정리가 끝난 뒤에는 그 아래에 작품에 드러난 갈등 구조나 글의 주제, 사용된 표현법 등을 정리합니다. 시험에는 교과서에 수록된 작품의 일부분을 제시하고 그 부분에서 드러난 갈등 구조나 사용된 표현법 등을 쓰도록 하므로, 현대시나 고전 시가를 제외한 다른 작품의 내용 부분을 정리할 때는 노트 필기보다 교과서에 바로 정리하는 것을 추천합니다.

그리고 어떤 갈래를 공부하든 그 단원에서 제시하는 **문학 개념어는 꼭 정리해 두고 익혀야 합니다.**

비문학 노트 정리법

비문학은 정보를 정확히 파악하고 요약하는 능력이 핵심입니다. 문학 작품이 더 많을 것 같지만 국어 교과서를 살펴보면 문학 작품과 비문학 작품의 비율이 비슷합니다. 비문학을 잘 공부해 두면 사회나 과학, 기술·가정 등의 과목을 공부할 때 도움이 됩니다.

비문학은 글의 구조와 핵심 논지를 파악하는 데 초점을 두어야 합니다. 중학교 때는 비문학 작품을 어떻게 읽어야 하는지에 대해서 설명 방법이나 논증 방법을 배우고 그것을 활용해 보는 수준으로 공부한다면, 고등학교 때는 중학교 때 익혔던 설명 방법이나 논증 방법을 바탕으로 글의 내용을 분석하며 공부합니다.

　고등학교 비문학 지문은 중학교 비문학 지문에 비해서 난도가 꽤 높습니다. 중학교 때부터 비문학을 분석하는 방법을 연습하는 것이 좋습니다. 비문학 지문을 문학 작품처럼 분석하고 정리할 필요는 없지만 문단별 키워드를 파악해서 요약하는 훈련은 필요합니다. 그리고 각각의 문단들을 어떻게 구조화할 것인지도 훈련해야 합니다.

　'중학생이 뽑은 국어 교과서에서 가장 어려운 단원' 편에서 학생들이 가장 힘들었던 단원이 '요약하기'라고 소개했는데, 그 '요약하기'가 바로 비문학에서 키워드를 찾고 요약하는 과정입니다. 이 과정은 점차 심화되어서 고등학생이 되면 다양한 영역의 비문학 지문을 읽고 분석하고 문제를 푸는 훈련으로 이어집니다.

　비문학에서도 익혀야 할 개념들이 있습니다. 설명문은 정의, 예시, 비교, 대조, 인과, 구분 등 다양한 설명 방법을 공부하고 논설문은 논증 방법 등을 공부해야 합니다. 비문학 지문이 제시된 뒤 학습 활동에 이러한 개념들이 정리되어 있습니다. 이 개념들은 중고등학교에서 계속 배우므로 반드시 알아 두어야 합니다. **노트에 정리할 때 설명 방법이나 논증 방법 등의 개념을 정리하고 반드시 예시를 써 둡니다. 개념을 익히는 것보다 중요한 것이 실제 그 개념을 사용한 부분을 찾고 그 개념을 글로 표현하는 것입니다.** 예시가 있어야 실제로 어떻게 사용하는지 알 수 있습니다.

　비문학을 정리할 때도 소설을 정리할 때처럼 노트에 지문을 모두 쓸 수는 없습니다. 비문학에서 사용된 개념어 정도만 노트에 정리하고 나머지는 교과서에 직접 정리하는 것을 추천합니다. 비문학 개념을 이해한 뒤 교과서에 수록된 지문을 읽으며 문단별로 요약하고 구조화합니다. 그 단원에서 익혀야 하는 비문학 개념이 지문의 어디에 어떻게 쓰였는지 찾고 정리하는 과정은 필수입니다.

비문학은 내용 그 자체를 공부하기보다 요약하고 그 구조를 파악하며 관련된 개념이 어떻게 사용되었는지 공부하는 것이 핵심입니다.

문법 노트 정리법

중학교 때 문법이 어려웠는데도 대충 공부하고 거의 다 잊은 채로 고등학생이 된 학생들이 많습니다. 중학교 때 이런 내용을 이렇게 배우지 않았냐고 물어보면 그제야 "아, 그런 것 같아요"라고 하지만 기억이 잘 나지 않는 표정입니다.

중학교 문법을 탄탄하게 다져 두어야 합니다. 문학이나 비문학의 경우 학년이 올라가도 비슷한 내용이 반복되는 경향이 있습니다. 그래서 제 학년에 완벽하지 않더라도 다음 학년에서 그 내용이 조금씩 보완됩니다. 일명 나선형 교육과정이라고 하지요.

그런데 문법은 좀 다릅니다. 나선형 교육과정은 맞습니다만, 곱하기 나누기를 배울 때 이미 더하기 빼기를 알고 있어야 하는 것처럼 지금의 문법을 이해하려면 이전에 배운 문법 내용을 알고 있어야 합니다. 곱하기 나누기를 공부하면서 더하기 빼기를 처음 배우는 것처럼 가르치지 않듯이, 수업 시간에 다시 간단히 전에 배운 내용을 상기시키지만 그건 그야말로 상기시킬 뿐이지 깊이 가르치지는 않습니다. 이미 익혔어야 하는 내용이거든요.

4. 올바른 국어생활

(1) 올바른 발음과 표기

1) 올바른 발음

① 'ㅢ' 발음

　㉠ 'ㅢ'는 이중모음 [ㅢ]로 발음함

　　예) 의사 [의사]

　㉡ 첫음절 'ㅢ'는 [ㅢ]로만 발음함

　　예) 의사 [의사], 의자 [의자]

　㉢ 첫음절 외 'ㅢ'는 [ㅢ], [ㅣ] 모두 허용함

　　예) 회의 [회의], [회이] 둘다 가능

　㉣ 조사 [ㅢ], [ㅔ] 모두 허용함

　　예) 우리의 [우리의], [우리에] 둘다 가능

　㉤ 자음을 첫소리로 가지고 있는 음절의 'ㅢ'는 [ㅣ]로 발음함

　　예) 희망 [히망]　→ 'ㅢ' 앞에 자음이 있음 긔, 늬, 띄…

　※ 민주주의의 의의

　[민주주의의 의:의]　원칙대로

　[민주주의의 의:이]

　[민주주이의 의:의]

　[민주주이의 의:이]

　[민주주의에 의:의]

　[민주주이에 의:의]

　[민주주의에 의:이]

　[민주주이에 의:이]

　　↓　발음이 변하지 않음

문법 개념 중심의 노트 정리

중학교 국어 교과서의 구성을 살펴보면 문법은 문학이나 비문학 단원과 달리 그 학기에 배우고 나면 다음 학년, 다음 학기에 그 내용을 다시 다루고 있지 않습니다. 학기마다 다른 문법 내용들을 다룹니다. 그래서 문법은 배울 때 확실하게 다져 놓아야 합니다.

문법은 이론적 지식을 구조화해서 정리하고 그것을 반복해서 학습해야 합니다. 문법 개념을 그냥 줄글로 읽으면 너무 어렵습니다. 이것을 시각적으로 정리해야 합니다. 음운, 형태소, 문장 성분, 문장 구조 등 큰 틀로 나누어서 정리해야 나중에 그 개념을 이해하기 수월합니다. 문법에서 개념이 중요하지만 더 중요한 것이 있습니다. 바로 그 문법 개념을 활용한 예시입니다. 아무리 문법 개념을 달달 외우고 있어도 그것을 실제로 활용하거나 문장에서 찾아내지 못하면 아무 소용이 없거든요.

예를 들면, '명사: 사람이나 사물, 추상적인 개념 등 대상의 이름을 나타내는 품사'라는 개념은 당연히 알아야 하고 실제로 무엇을 명사라고 하는지 다양한 예시를 함께 공부하는 것이 가장 중요합니다. **노트 정리를 할 때도 반드시 예시를 함께 정리해야 합니다.** 개념을 설명하는 말이 길어질수록 이해하기가 더 어려워집니다. **개념의 뜻은 최대한 명료하고 짧게 정리합니다. 품사나 문장 성분 등을 표로 정리할 수 있다면 표로 정리하는 것이 더 쉽게 이해할 수 있습니다. 그리고 그 개념이 실제로 어떻게 활용되고 있는지 예시를 정리하는 거죠. 예시가 많으면 많을수록 다양한 사용법을 알 수 있으니 개념의 이해도도 더 높아질 겁니다.**

또, 어간과 어미, 형용사와 관형사, 관형절과 관형어 등 헷갈리는 개

Ⅱ. 모음자와 기본자의 창제 원리

1. 모음자를 만든 원리
→ 상형의 원리

ex)

천지인 상형 [
· 하늘의 둥근 모양은 본뜸
— 땅의 평평한 모양은 본뜸
ㅣ 사람이 서있는 모습은 본뜸

2. 초출자와 재출자
1) 초출자 ㅗ, ㅜ, ㅏ, ㅓ
2) 재출자 ㅛ, ㅠ, ㅑ, ㅕ → ex) 와, ㅟ, 으ㅑ,
          ↓   ㅠㅕ, ㅢ, 의, ㅐ,
3) 합성의 원리 모음자의 기본자를 <u>결합</u>하여 만듦   ㅟ, ㅔ, 왜, ㅞ, 의ㅣ,
                                              ㅠㅔ 등.

이미지를 떠올려 기억하기 위한 노트 정리

넘이 있다면 각각의 개념을 정리하고 이들의 공통점과 차이점을 표로 만들어 놓습니다. 그중 자주 틀리거나 어려운 규정이 있다면 별표나 빨간색 등으로 강조해 노트를 공부할 때마다 시선이 가도록 해서 기억할 수 있도록 합니다. 그렇게 공부한다면 문법의 내용도 어렵지 않을 것입니다.

영역별 핵심 포인트와 국어 노트 정리 체크리스트를 보며 스스로 점검합니다.

영역		핵심 포인트	노트 구성 방식
문학	시	시어, 표현 기법, 정서 변화	연별 분석 + 표현 기법 색깔 표시 + 문학 개념어
	소설	줄거리, 인물, 갈등, 주제	※내용과 관련된 것은 교과서에 정리하는 것 추천 인물 관계도 + 사건 흐름도 + 주제 요약 + 문학 개념어
비문학 노트		구조 분석, 핵심 문장, 용어 정리	※교과서에 정리하는 것 추천 문단별 요약 + 개념 정리
문법		정의, 예시, 비교, 규정	표/도식 활용 + 개념 비교표 + 암기 포인트

국어 노트 정리 체크리스트

구분		점검 내용	체크 (✓)
문학 노트	시	작품의 제목, 작가, 시대 배경을 정리했는가?	☐
		시어의 의미를 설명 중심으로 이해하고 정리했는가?	☐
		표현 기법(비유, 반복, 상징 등)을 구분했는가?	☐
	소설	인물·사건·배경의 3요소를 중심으로 줄거리를 정리했는가?	☐
		주요 인물의 관계도나 갈등 구조를 그렸는가?	☐
		주제나 작가의 의도를 내 말로 정리했는가?	☐
비문학 노트		글의 종류(설명문/논설문 등)를 구분했는가?	☐
		주제 문장을 파악했는가?	☐
		문단별 핵심어를 표시했는가?	☐
		글의 구조(문제-해결, 주장-근거, 원인-결과)를 분석했는가?	☐
		설명 방법(정의·예시·비교·인과 등)을 정리했는가?	☐
		논증 방법(근거 제시, 반론, 결론 등)을 파악했는가?	☐
		개념과 예시를 함께 정리했는가?	☐
문법 노트		문법 개념(품사, 문장 성분, 형태소 등)을 큰 틀로 분류했는가?	☐
		각 개념의 정의를 짧고 명확하게 정리했는가?	☐
		개념마다 실제 예시를 함께 적었는가?	☐
		헷갈리는 개념(형용사 vs. 관형사)을 표로 비교했는가?	☐

영어

　단원별로 가르치는 영역이 다른 국어 교과서와 다르게 영어 교과서는 단원마다 듣기, 말하기, 읽기, 문법, 쓰기 영역을 골고루 다룹니다. 그래서 단원마다 반드시 익혀야 할 핵심 의사소통 표현과 문법이 있습니다. 각 단원에서 다루는 내용들을 반드시 암기하고 이해해야 합니다. 각 단원의 중요한 문법 개념이나 표현, 쓰기 패턴 등을 정리하고 이해하는 것도 필수입니다. 교과서 본문은 이런 내용을 담도록 의도적으로 만든 글이므로, 영어 노트를 정리하며 본문을 암기할 정도로 꼼꼼하게 본다면 시험공부는 물론 영어 실력 향상에도 큰 도움이 됩니다.

영어 어휘 노트 정리법

　영어 학습을 할 때 가장 기본은 어휘입니다. 어휘에는 단어뿐 아니라 단어와 단어가 모여 의미를 갖는 숙어도 포함됩니다. 단어와 숙어를 알아야 문장도 이해할 수 있고 문장을 알아야 글 전체의 뜻을 파악할 수 있기 때문입니다. 학교에서도 영어 어휘를 익히도록 영어 단어 쪽지 시험을 보기도 하고 영어 단어 시험을 수행평가로 보기도 합니다. 근무교 영어 선생님은 영어 단어를 암기하는 앱을 구입해 전교생에게 영어 단어를 암기하는 숙제를 내주고 검사하기도 하더군요. 단어를 알아야 다음 단계로 나아갈 수 있으니 당연합니다. 그만큼 중요한 것이 어휘입니다. 당연히 교과서 내의 단어는 모르는 것이 없을 정도로 공부해 두어야 합니다. 그러기 위해 **어휘 노트는 필수**입니다. 아마

학교에서 단어 학습지를 제공할 겁니다. 그 단어는 반드시 익혀야 하는 단어라 생각하면 됩니다.

어휘를 익히기에 가장 좋은 방법은 '단어 소리 내어 읽기 → 단어와 뜻 익히기 → 문장으로 익히기 → 문맥으로 익히기'입니다. 하지만 영어 어휘를 이런 순서로 정리하기는 힘들겠지요. 영어 어휘 노트를 만들 때는 **'단어-뜻-예문'의 순서로 반복 학습을 통해 복습하는 것을 추천**합니다. 아래의 표처럼 표의 형식으로 만들면 영어 단어 공부를 한 후에 단어 부분만 접어서 뜻을 떠올리거나 뜻만 보고 단어를 떠올리는 식으로 스스로 테스트하기 좋습니다. 교과서나 시험 문제, 문제집 등을 공부하면서 모르는 단어가 나올 때마다 영어 단어장을 만들어 암기합니다.

단어	뜻	예문
forget	(동) 잊다	Don't forget to take your report.
different	(형) 다른, 별개의	Our house looks different from the others.

중학교 시험에서 가장 중요한 것은 교과서와 학교 선생님이 주신 학습지입니다. 학습지에 있는 모든 단어를 정리해도 좋고 공부를 하다가 잘 외워지지 않는 단어만 모아도 좋습니다.

교과서 단어 이외의 폭넓은 어휘 공부를 위한 단어장을 만들고 싶다면 시중의 영어 단어장을 살펴보는 것도 좋습니다. 시중의 영어 단어장은 다섯 가지 정도로 나눌 수 있습니다. 먼저, 난이도나 등급별로 단

Lesson 8. New Words

	어휘	뜻	영어 뜻풀이	예문
☐	bone	뼈	any of the hard parts that form the skeleton of the body of a human or an animal	He broke a bone in his left arm. 그는 왼쪽 팔의 뼈가 부러졌다.
☐	boring	재미없는, 지루한	adj not interesting in any way	This movie is really boring. 이 영화는 정말로 지루하다.
☐	candle	양초	n, a round stick of wax with a piece of string through the middle that you burn to produce	Please light the candle. 촛불에 불 좀 켜줘.
☐	carry	나르다	v to take something somewhere by holding it supporting it etc	He was carrying a light suitcase. 그는 여행 가방을 나르고 있었다.
☐	climber	등산가, 산악인	n some one who climbs rocks mountains etc as a sport	Climbers have to be brave. 등산가는 용감해야 한다.
☐	colorful	형형색색의, 색이 다채로운	adj having a lot of bright colors	I like this colorful shirt! 나는 이 화려한 셔츠가 좋다.
☐	culture	문화	n the art beliefs behavior ideas etc of a particular society or group of people	Let's read the book about Chinese culture. 중국 문화에 관한 책을 읽어 보자.
☐	during	~ 동안	prep, all through a particular period of time	During the summer she studied hard. 여름 동안에 그녀는 공부를 열심히 했다.
☐	expect	기대하다	v to think that some thing will happen	I expect she won't like the news. 나는 그녀가 이 소식을 좋아하지 않을 거라고 예상한다.
☐	ginseng	인삼	n a hot-tasting light brown root or the powder made from this root	Ginseng is very popular in Korea. 인삼은 한국에서 매우 인기가 있다.

학교 선생님이 주신 학습지 예시 1

어를 나눈 단어장이 있습니다. 이 단어장은 학년별, 수준별, 시험 난이도별로 단어를 나누어 학습자의 수준에 맞춰 단계적으로 학습할 수 있다는 장점이 있습니다. 영어 단어 노트를 만들 때 **자신의 수준에 맞는 단어부터 정리하고 모르는 단어는 따로 표시하여 반복 학습하면 나의 난이도에 따른 영어 어휘 노트를 만들 수 있습니다.**

두 번째는 **주제별, 카테고리별 영어 단어장**으로 생활, 학교, 여행, 음식, 감정 등 관련 단어를 모아서 만드는 단어장입니다. 이렇게 하면 비슷한 주제나 카테고리가 반복되어 이해하기 쉽고 기억에도 오래 남습니다.

세 번째는 **어원 중심의 영어 단어장**입니다. 단어의 접두사, 접미사, 어원을 중심으로 단어를 분류하여 학습하는 방식으로 'tele-'라는 접두사를 배우면 telephone, television, telegraph와 같은 단어를 연관 지어 외우는 겁니다. 단어를 추론하며 학습할 수 있고 새로운 단어를 만나도 뜻을 유추할 수 있습니다.

네 번째는 시험 대비를 위한 **빈출 단어 중심 영어 단어장**입니다. 중학교 필수 단어, 수능 필수 단어처럼 시험에 자주 나오는 단어를 중심으로 빈출 단어를 구분해서 주기적으로 복습합니다.

마지막으로 문장이나 **표현 중심 영어 단어장**입니다. 여기서 문장이나 표현은 단어장의 예문과 차이가 있습니다. 정해진 문법 패턴에 동사나 명사를 바꾸면서 문장과 단어를 동시에 익히는 방법이지요. 단어를 예문, 숙어, 구문과 함께 학습하여 문장 속에서 단어 사용법을 동시에 익힐 수 있습니다. 단어장을 만들 때 '단어 – 뜻 – 예문' 순으로 표를 만들어 반복 학습하면 읽기, 쓰기, 듣기 능력 향상에 도움이 됩니다.

▸ 빈칸을 채워 문장을 완성해 봅시다.

Tteokguk

Special Day: Seollal (New Year's Day)

1. How do Koreans *become* a year older?
2. They have a special *way*.
3. They *eat* tteokguk, a rice cake soup, on seollal.
4. *Eating* tteokguk means getting one year older.

Songpyeon

Special Day: Chuseok

5. *During* chuseok, Koreans make and eat songpyeon.
6. They give *thanks* for the year with songpyeon.
7. *Making* pretty songpyeon means ★ *having* a pretty child someday.

Food Review

Review by Ted

8. This *dish* is miyeokguk.
9. It's a *kind* of seaweed soup.
10. I was *afraid* at first.
11. But *when* I tried the soup, it had a rich taste.
12. The seaweed ran *around* in my mouth.
13. It was more ★ *slipper* than oil!
14. It was a new taste for me, but I enjoyed ★ *eating* it.
15. Above all, it went great with a *bowl* of rice.

해석
떡국
특별한 날: 설날
1. 한국인들은 어떻게 한 살을 먹을까요?
2. 그들에게는 특별한 방법이 있습니다.
3. 그들은 설날에 떡이 들어간 수프인 떡국을 먹습니다.
4. 떡국을 먹는 것은 한 살을 먹는 것을 의미합니다.
송편
특별한 날: 추석
5. 추석 동안에 한국인들은 송편을 만들어 먹습니다.
6. 그들은 송편으로 그 해에 대한 감사를 드립니다.
7. 예쁜 송편을 만드는 것은 언젠가 예쁜 아이를 갖는 것을 의미합니다.
음식 리뷰
Ted의 리뷰
8. 이 요리는 미역국이에요.
9. 해초 수프의 일종이에요.
10. 저는 처음에 두려웠어요.
11. 하지만 그 국을 먹었을 때 진한 맛이 났어요.
12. 미역이 입안에서 돌아다녔어요.
13. 그것은 기름보다 더 미끌미끌했어요!
14. 그건 저에게 새로운 맛이었지만 저는 맛있게 먹었어요.
15. 무엇보다 한 공기의 밥과 잘 어울렸어요.

학교 선생님이 주신 학습지 예시 2

중등부터 시작하는
내신 1등급 오답 노트

이 중 자신에게 가장 잘 맞는 방법을 찾아서 영어 어휘를 정리하고 암기합니다.

중학교 영어 교육과정에서 제시한 어휘 수는 750개 내외입니다. 여기에 초등 영어 교육과정의 어휘 500여 개가 더해지면 중학교까지 대략 1,250여 개의 어휘를 익힙니다. 물론 교육과정에 포함되지 않은 어휘도 있기에 실제로는 더 많은 어휘를 알고 있어야 합니다.

영어 단어장을 만들 때는 가지고 다니면서 자투리 시간에 암기할 수 있도록 휴대하기 좋은 크기에 만듭니다. 동의어, 반의어, 파생어도 함께 공부하면 효과가 배가 되겠지요.

어휘는 반복이 핵심입니다. 일주일 동안 틀린 단어들을 따로 모아 복습하고 수시로 어휘를 들여다보면서 자연스럽게 기억하도록 합니다. 또 예문을 통해 문맥 속에서 단어를 익히는 것도 필요합니다. 어휘와 문법은 학년이 올라가도 이어집니다. 새로운 어휘가 나올 때마다 어휘를 반복해야 학년이 올라가더라도 영어 공부가 힘들지 않습니다.

문법 노트 정리법

문법은 영어의 뼈대라 할 수 있습니다. 문법 규칙을 모르면 문장을 정확하게 해석하거나 스스로 문장을 만들기 어렵습니다. 그렇다고 단순히 규칙을 암기하는 것만으로는 오래 기억할 수 없습니다. **문법 노트를 정리할 때는 반드시 개념을 명확히 이해하고 예문을 통해서 그 개념이 어떻게 적용되는지를 알아야 합니다.** 단원마다 2개 정도의 문법 개념을 다룹니다. 매 단원마다 다루고 있는 문법을 철저히 이해하고 넘어가야 합니다.

　본문을 읽으면서 문법 개념이 적용된 문장을 찾아봅니다. 그 단원의 본문은 그 단원에서 반드시 익혀야 할 문법 구조에 살을 붙여 만든 글입니다. 본문을 공부하고 나면 선생님이 그 단원에서 반드시 익혀야 하는 문법을 담은 학습지를 나눠 주실 겁니다. 학습지에 있는 내용이 그 단원에서 반드시 익혀야 하는 문법 내용입니다. 그 학습지의 내용은 반드시 이해하고 암기해야 합니다.

　문법을 노트에 정리한다면 '**현재완료: have/has + p.p(과거의 일이 현재에 영향을 미침)**'처럼 개념을 짧고 명확하게 쓰고 교과서 예문 '**She has lived here for five years. (그녀는 5년 동안 여기서 살아왔다)**'처럼 개념별로 **1~2문장의 예문과 해석을 덧붙입니다.** 이렇게 개념과 예문을 연결해야 문법을 제대로 이해하고 시험도 대비할 수 있습니다.

　중학교에서 다루는 문법은 'be 동사, 일반동사 / 현재형, 과거형, 진행형, 미래형 / 조동사 / 비교급, 최상급 / 접속사 / to 부정사 / 동명사 / 현재완료 / 수동태 / 관계대명사 / 가정법 / 분사구문 / 화법 / 간접의문문' 등입니다. 각 단원에서 다루는 문법 내용이 무엇인지 파악하고 이를 중심으로 노트를 정리해야 합니다. 이때 교과서에서 다룬 내용뿐 아니라 프린트 내용까지 함께 정리하고 예문을 암기해야 합니다. 짧고 명확하게 정리해야 내용을 제대로 파악하고 이해할 수 있습니다.

　헷갈리기 쉬운 문법 개념은 예문과 그 예문이 사용되는 상황을 적어두면 도움이 됩니다. 헷갈리기 쉬운 to 부정사와 동명사를 정리한다면 to 부정사와 동명사를 한눈에 볼 수 있도록 나란히 표로 만듭니다.

이렇게 하면 어떤 동사와 함께 쓰이는지 의미상의 차이가 무엇인지 명확히 구별할 수 있습니다.

구분	to 부정사	동명사
형태	to + 동사원형	동사원형 + ing
의미	미래 지향적, 목적을 나타냄	이미 일어난 일, 일반적 행위
예문	I want to go home. (나는 집에 가고 싶다.)	I enjoy reading books. (나는 책 읽는 것을 즐긴다.)
주의할 동사	want, hope, decide 등	enjoy, avoid, finish 등

특히 우리말에 없는 '현재완료'는 정리가 꼭 필요한 개념입니다.

현재완료		
형태		have / has + p.p (과거분사)
의미		과거부터 현재까지 영향을 끼치는 의미
상황	경험	I have tried sushi before. 나는 예전에 초밥을 먹어 본 적이 있어요. 과거의 경험을 가지고 있음
	계속	I have lived here for 10 years. 나는 10년째 여기 살고 있어요. 10년 전부터 지금까지 영향
	결과	He has lost his keys. 그는 열쇠를 잃어버렸어요. 지금도 못 찾은 상태
	완료	I have just finished my homework. 나는 방금 숙제를 끝냈어요. 과거부터 숙제를 해서 지금 완료

이 (to 부정사의) (형용사적 용법) (-전치사)

형태 「to+동사원형」 ---] 형용사적 용법

해석: ~할, ~라 하는

<to 부정사의 용법>

① 형용사적 용법
Something, anything, nothing 등과 같이 ~thing 등
으로 끝나는 대명사는 형용사가 뒤에서 수식
---] 형용사를 앞에 쓰고 to 부정사는 뒤에 씀. (to부정사와 형용사가
모두 있는 경우)

② 명사적 용법
---] to 부정사 문장 내에서 주어, 목적어, 보어 역할을 한다

③ 부사적 용법
-] to부정사가 문장 내에서 부사처럼 동사, 형용사, 부사를 수식한다

영어 문법 노트 정리

중요한 규칙이나 자주 틀리는 부분은 별표하거나 빨간색으로 표시해 눈에 띄게 정리합니다. 한 번 정리하고 끝내지 말고 꾸준히 다시 보며 완벽하게 이해해야 합니다. 문법 노트를 쓰는 이유는 그 문법 내용을 이해하고 그 이유를 잘 설명할 수 있도록 연습하기 위함입니다. 특히 **중학교 시험 문제는 교과서와 학습지 속의 예문을 중심으로 출제되므로 교과서 예문 암기와 문법 정리는 필수입니다.**

구문 노트 정리법

문법이 영어의 뼈대라면 구문은 그 뼈대가 살아 움직이는 모습이라고 할 수 있습니다. 각각 한 단어씩 해석이 되어도 문장의 구조를 익히지 못하면 해석하지 못합니다. 구문을 정확히 이해하면 어려운 문장이나 복잡한 구조도 두려워하지 않고 정확하게 해석할 수 있습니다. 더 나아가 독해와 작문 실력까지 도움이 됩니다.

구문 정리를 할 때는 'The boy who is wearing glasses is my cousin'과 같이 교과서의 문장을 그대로 씁니다. 그 뒤 '안경을 쓰고 있는 소년은 내 사촌이다'라는 해석을 쓰고 그 문장의 뜻을 'The boy / who is wearing glasses / is / my cousin'처럼 의미 단위로 끊어 읽기 표시를 합니다. 그 뒤 끊어 읽기 부분을 중심으로 해석해서 씁니다. 이때는 직역합니다. 의미 단위의 직역이 익숙해지면 직역과 의역을 함께 하는 것을 추천합니다. 그런 뒤에 'The boy(S) / who is wearing glasses(관계절, S 수식) / is(V) / my cousin(C)'처럼 문장 아래에 주어(S), 동사(V), 보어(C) 등의 문장 성분을 표시해 문장 구조를 분석합니다. 문장 성분의 경우 용어는 어렵지만 체계를 잡아 두면 쉽게 눈에 들어올 겁니다. 고등학교 영어는 문장이 복잡해지고 문장 성분으로 설명하므로 중학교 때부터 문장 성분에 익숙해져야 합니다.

'The girl who is playing the piano is my sister'처럼 비슷한 문장을 응용하거나 일부를 바꾸어 보는 연습을 하면 문장의 작동 원리를 이해할 수 있습니다. 구문을 반복해서 정리하다 보면 점차 복잡한 영어 문장을 읽고 쓰는 힘이 길러질 겁니다.

영어 구문 노트 정리

영어 듣기 정리법

영어 듣기는 노트가 필요 없다고 생각할 수 있습니다. 하지만 듣기 노트도 추천합니다. 듣기 노트는 전체 지문을 듣고 적는 것뿐만 아니라 유형별 전략을 적용합니다. 듣기 유형은 주제별, 상황별, 질문 방식별로 나뉘어 있습니다. 특정 유형이나 주제를 어려워하면 그 부분만 집중적으로 받아씁니다. **계산 관련 지문에서 계속 실수한다면 그 부분만 여러 번 듣고 받아쓰며 정확하게 해석합니다.** 핵심적으로 필요한 단어, 숫자, 문장 구조를 찾아 표시하고 틀린 이유를 분석하면 영어 이해력을 키우고 영어 듣기에서 실수를 줄일 수 있습니다. 이 학습은 필요한 정보를 정확히 듣고 이해하는 능력을 키우기 좋습니다.

영역별로 노트를 정리하면 영어 전 영역의 실력을 균형 있게 키울 수 있습니다. 영어 노트를 정리하는 목적은 영어를 자기 언어처럼 이해하고 표현하는 힘을 기르기 위함입니다. 노트에 쌓이는 기록만큼 영어 실력도 차곡차곡 쌓여 간다는 점을 기억하며 성실하게 실천하면 영어는 분명 자신 있는 과목이 될 것입니다.

영역	핵심 포인트	노트 구성 방식
영어 어휘	단어와 뜻, 예문	단어-뜻-예문 형식으로 정리 학습지 내용을 중심으로
문법	문법 형태, 상황, 예문	학습지 내용을 중심으로 상황을 정리할 때는 자신만의 언어로 적어 두기 현재 완료 반드시 정리해 두기
구문	단어처럼 뜻과 예문으로 정리	문장 성분을 표시해서 문장 구조 분석하기
듣기	자주 나오거나 틀리는 문장이나 패턴 정리 소리 내어 읽기	듣기 유형별로 정리하기

영어 오답 노트 체크리스트

구분	점검 내용	체크 (✓)
영어 어휘 노트	교과서 단어와 숙어를 빠짐없이 정리했는가?	☐
	'단어─뜻─예문' 형식으로 정리했는가?	☐
	단어 시험이나 수행평가 단어를 표시했는가?	☐
	잘 외워지지 않는 단어를 모아 복습했는가?	☐
문법 노트	단원에서 배운 문법 개념을 명확하게 정리했는가?	☐
	문법 개념마다 예문과 해석을 적었는가?	☐
	헷갈리기 쉬운 문법을 비교해서 정리했는가?	☐
	중요한 문법은 별표하거나 색으로 강조했는가?	☐
	학습지 속 문법 예문도 노트에 함께 정리했는가?	☐
구문 노트	교과서 문장을 옮겨 적었는가?	☐
	해석을 함께 써서 문장 의미를 이해했는가?	☐
	문장을 의미 단위로 끊어 읽고 구조 분석을 했는가?	☐
	비슷한 문장을 응용하거나 일부 바꾸어 연습했는가?	☐
듣기 노트	자주 틀리는 듣기 유형이나 주제를 구분했는가?	☐
	틀린 문장을 받아쓰고 핵심 단어·숫자·표현을 표시했는가?	☐
	듣기 지문을 여러 번 들으며 정확히 이해했는가?	☐
	소리 내어 문장을 따라 읽으며 발음을 익혔는가?	☐

수학

수학은 개념 이해와 문제 풀이 능력이 동시에 요구되는 과목입니다. 위계가 분명해서 앞 단원을 확실히 학습한 뒤 다음 단원으로 넘어가야 합니다. 문제를 많이 푸는 것도 좋지만 정확한 개념을 정리하고 오답을 꼼꼼히 분석해야 실력이 향상됩니다. 시험 성적을 올리려면 무엇보다 개념을 분명히 이해하는 것이 우선입니다. 그다음으로 문제 풀이 과정을 정확히 기록하고, 틀린 문제를 반복해서 분석하는 습관을 길러야 합니다. 수학 노트를 잘 정리해 두면 실수를 줄이고 개념을 제대로 다질 수 있습니다. '수학은 쓴 만큼 보인다'는 말은 결코 과장이 아닙니다.

개념 노트 정리법

수학에서 가장 강조하는 것이 '수학의 개념을 정확하게 이해하라'는 것입니다. 기초 개념이 탄탄해야 응용문제도 풀 수 있고 실수도 줄일 수 있습니다. **수학 문제는 개념에서 출발하므로 개념 노트는 수학 공부의 시작이자 핵심이라고 할 수 있습니다.** '수학의 정석'처럼 수학 개념을 정리하고 그 개념을 이용해서 풀 수 있는 간단한 연습문제와 풀이 과정을 정리해 두면 개념이 헷갈릴 때마다 찾아볼 수 있습니다.

개념 노트를 만들 때는 단원의 제목을 크게 쓰고 그 아래에 핵심 개념, 정의, 공식 등을 간결하게 정리합니다. 이때 공식만 쓰지 말고 그 공식이 어떻게 나왔는지 간단한 도출 과정이나 의미도 짧게 메모해 두면 더 쉽게 이해할 수 있습니다. 그림이 필요할 때는 그림을 그려서 이

2. 인수분해를 이용한 이차방정식의 풀이

$AB = 0$ 이면 $A = 0$ 또는 $B = 0$

$\Rightarrow$ ① $A=0$, $B=0$ ② $A=0$, $B \neq 0$, ③ $A \neq 0$, $B = 0$

··· 이 성질을 이용 (일차식) $\times$ (일차식) $= 0$

예) $(x+1) \cdot (x-2) = 0$

$\quad$ A $\quad$ $\times$ $\quad$ B $\quad$ $= 0$

$x+1 = 0$ 또는 $x-2 = 0$ 이므로

이차방정식의 ⓗ는 $x = -1$ 또는 $x = 2$

예제 1 $x^2 + 3x = 0$ $\quad$ $x(x+3) = 0$

$\qquad\qquad\qquad$ $x = 0$ 또는 $x = -3$

예제 2. $x^2 = 6x - 9$ $\qquad$ 우변의 모든 항을 이항하기

$\qquad\quad$ $x^2 - 6x + 9 = 0$ $\qquad$ $ax^2 + bx + c = 0$ 의 꼴로 정리하기

$\qquad\quad$ $(x-3)(x-3) = 0$ $\qquad$ 좌변 인수분해

$\qquad\quad$ $x = 3$ 또는 $x = 3$

이차방정식의 두 해가 중복되어 같을 때 : "중근"

$\qquad\quad$ $(x-3)^2 = 0$

$\qquad\quad$ 완전제곱식

수학 개념을 정리한 노트

해를 돕는 것도 좋습니다. 도형의 닮음 단원이라면 삼각형의 닮음 조건만이 아니라 각 조건이 왜 성립하는지 그림과 함께 정리합니다.

삼각형의 닮음 조건

- SSS 닮음: 세 쌍의 대응변의 길이의 비가 같을 때
- SAS 닮음: 두 쌍의 대응변의 길이의 비가 같고, 그 끼인각의

  크기가 같을 때
- AA 닮음: 두 쌍의 대응각의 크기가 같을 때

특히 도형 단원은 글로만 정리하는 것보다 도형을 그려서 시각적으로 정리하면 효과적입니다. 도형의 구조와 특징을 눈으로 확인하며 정리하면 그림을 떠올리기 쉽습니다.

개념을 정리하면 반드시 관련 문제와 풀이 과정을 씁니다. 공부한 개념이 실제 문제에서 어떻게 활용되는지 직접 살펴봐야 자기 것으로 만들 수 있습니다. 확률에 대해서 정리를 했다면 '확률=(일어날 경우의 수)÷(전체 경우의 수)'라는 정의와 함께 주사위를 던졌을 때 3이 나올 확률을 계산하는 짧은 문제와 풀이를 함께 적는 식입니다. 이렇게 하면 공식이 추상적인 기호가 아니라 구체적으로 느껴질 겁니다.

노트를 반으로 접어 왼쪽에는 개념과 정의를 쓰고 오른쪽에는 예제 문제와 풀이 과정을 정리하는 것을 추천합니다. 왼쪽을 보며 개념을 확인하고 곧바로 오른쪽에서 적용 사례를 볼 수 있으니 공부 흐름이 자연스럽고 복습도 편합니다.

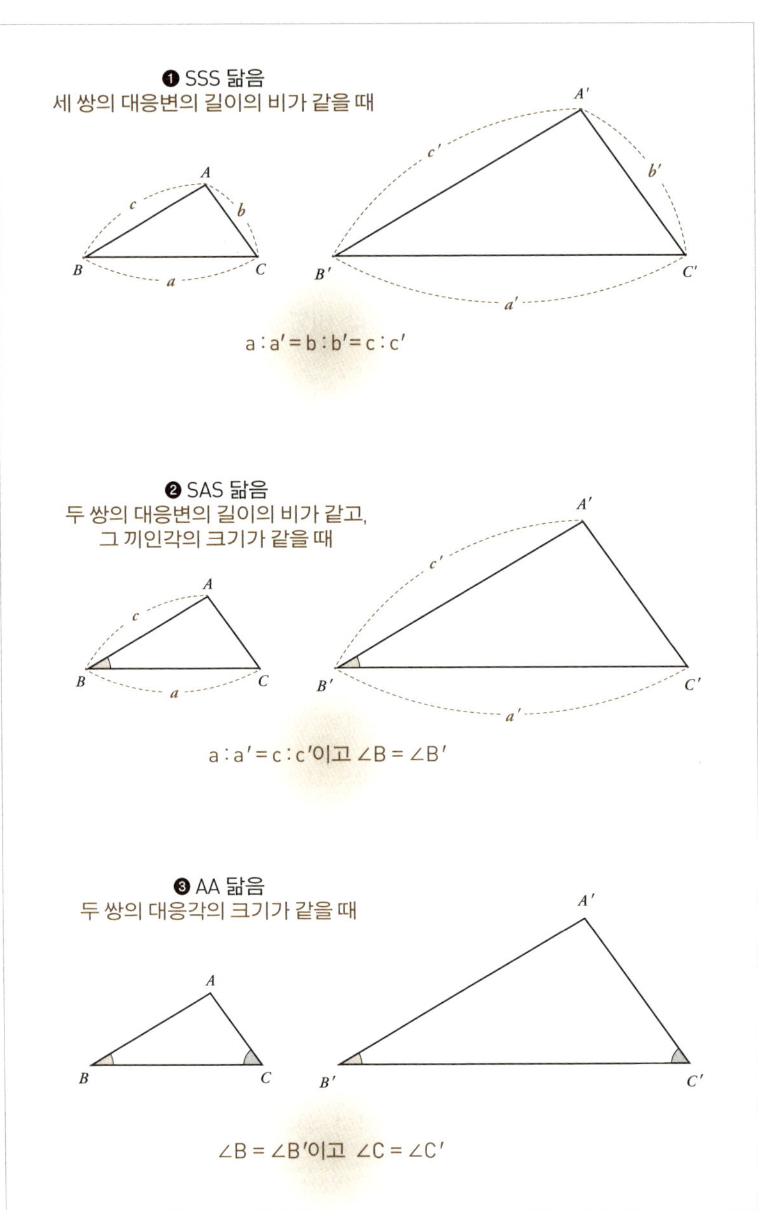

시각적으로 정리한 삼각형의 닮음 조건

3. $\dfrac{3}{\sqrt{15}} \times 4\sqrt{3} \div \dfrac{6}{\sqrt{2}} = \dfrac{n}{m}\sqrt{10}$

$\dfrac{3}{\sqrt{15}} \times 4\sqrt{3} \div \dfrac{6}{\sqrt{2}}$

$= \dfrac{3}{\sqrt{15}} \times 4\sqrt{3} \times \dfrac{\sqrt{2}}{6}$

$= \dfrac{2\sqrt{2}}{\sqrt{5}} = \dfrac{2}{5}\sqrt{10}$

$m = 5 \quad n = 2$ 이므로

$mn = 10$

4. $\sqrt{18} - \sqrt{96} - \sqrt{72} + 3\sqrt{54} = a\sqrt{2} + b\sqrt{6}$

$\sqrt{18} - \sqrt{96} - \sqrt{72} + 3\sqrt{54}$

$= 3\sqrt{2} - 4\sqrt{6} - 6\sqrt{2} + 9\sqrt{6}$

$= -3\sqrt{2} + 5\sqrt{6}$ 이므로

$a = -3, \ b = 5$

$a + b = -3 + 5 = 2$

반으로 접어 사용하는 수학 노트

문제 풀이 노트 정리법

수학 개념을 익혔으면 문제 풀이로 이어져야 합니다. 수학 문제를 풀 때는 답만 적을 것이 아니라 반드시 풀이 과정을 써야 합니다.

중고등학교 수학 시험에서는 정답만 맞혀서는 안 됩니다. 오히려 정답보다 풀이 과정이 더 중요한 경우가 많습니다. 지필평가의 채점 기준을 살펴보면 풀이 과정마다 부분 점수가 배점되어 있고, 어떤 경우에는 정답보다 풀이 과정의 점수가 더 높게 배정되어 있기도 합니다. 그러니 **수학 문제를 풀 때는 반드시 풀이 과정을 쓰는 연습이 필요**합니다.

문제를 한 페이지에 한 문제씩 여유 있게 적고 풀이하면 풀이 과정이 한눈에 보입니다. 풀이 과정을 쓸 때는 단계별로 차근차근 적고 이후에 각 단계에서 사용한 개념이나 공식을 작은 글씨로 덧붙여 둡니다. 그렇게 하면 문제를 다시 살펴볼 때 풀이 과정만이 아니라 어떤 개념이 사용되었는지 한눈에 이해하고 복습할 수 있습니다.

수학 문제 풀이 노트는 연습장이 아니라 수학 문제 풀이 과정을 훈련하는 교재라는 생각으로 정리해야 합니다. 그래야 문제 풀이를 쓸 때 깔끔하게 쓰려고 노력합니다. 연습장이라는 생각이 들면 낙서를 하거나 순서를 대충 쓰게 되어 나중에 풀이 과정을 점검하기 힘듭니다. 수학에서 풀이 과정은 곧 수학적 사고 과정을 보여 주는 것이므로, 풀이 과정을 명확하게 적어야 수학적 사고도 정리되고 실수도 줄일 수 있습니다.

오답 노트 정리법

수학을 공부할 때 가장 강력한 학습 도구는 단연 오답 노트입니다.

많은 학생이 문제를 틀리면 해설을 잠깐 보고 넘어가거나 다시 한번 풀어 보고 끝냅니다. 그렇게 공부하면 실수를 막기 어렵고 성적 향상에도 큰 도움이 되지 않습니다. 오답을 제대로 분석하지 않으면 같은 유형의 문제에서 다시 틀릴 가능성이 높습니다. 오답은 단순히 틀린 답이 아니라 내가 어떤 부분에서 부족한지를 정확히 알려 주는 거울입니다. 오답 노트를 통해 성적을 끌어올리는 기회로 삼아야 합니다.

오답 노트를 만들 때 먼저 문제를 기록합니다. 그 아래에는 **내가 처음에 문제를 어떻게 풀었는지를 생략 없이 그대로 적습니다.** 이 단계는 내가 문제에 어떻게 접근했는지 되돌아볼 수 있는 중요한 자료가 됩니다. 그리고 그것이 왜 틀렸는지를 분석합니다. 개념을 제대로 이해하지 못해서 틀렸는지, 계산 과정에서 실수가 있었는지, 문제를 잘못 읽어서 조건을 놓쳤는지를 명확하게 적는 겁니다. 그래야 그 문제를 틀린 이유를 알 수 있습니다. 오답 노트는 누군가에게 보이기 위한 것이 아니므로 꾸밈없이 솔직하게 씁니다. 오답 노트는 원인을 기록해서 같은 실수를 반복하지 않기 위함입니다.

문제를 분석한 뒤에는 올바른 풀이 과정을 다시 정리합니다. 정답만 적는 것이 아니라 어떤 개념을 어떻게 적용했는지 풀이 순서를 제대로 썼는지 등을 명확히 써야 합니다. 확률 문제를 틀렸다면 '전체 경우의 수를 잘못 계산함 → 경우의 수를 다시 세어 봄'과 같이 구체적으로 적는 것이 좋습니다. 그 문제를 풀기 위해 사용된 핵심 개념이나 공식을 간단하게 요약해 두면 그 문제를 통해 어떤 개념을 복습해야 하는지도 함께 알 수 있습니다.

오답 노트를 작성할 때는 오답을 기록하는 데서 끝내지 말고 같은 유형의 문제를 한두 개 더 풀어 보는 것을 추천합니다. 반복 학습을 통해 실수를 막고 유형을 확실히 익힐 수 있기 때문입니다. 문제를 풀다가 헷갈리기 쉬운 공식이나 규칙이 있으면 색깔 펜이나 형광펜으로 표시해 두면 시험 전 빠르게 훑어볼 수 있습니다.

수학은 오답 노트 정리가 중요한 만큼 다음 교시에서 오답 노트에 대해 좀 더 상세하게 살펴보겠습니다. 수학의 오답 노트는 틀린 문제를 모아 두는 것이 아니라 자신의 실수를 분석하고 같은 실수를 분석하지 않도록 해, 실력을 끌어올리는 핵심 전략입니다.

수학은 꾸준히 손으로 쓰고 정리할수록 실력이 쌓이는 과목입니다. **개념 노트로 기초를 단단히 다지고 문제 풀이 노트로 풀이 과정을 차근차근 기록하면 자연스럽게 성적도 향상될 것입니다.** 머리로만 이해할 것이 아니라 손으로 정리하고 눈으로 확인하며 다시 머리로 이해하는 과정을 거쳐야 비로소 수학이 내 것이 됩니다.

영역	핵심 포인트	노트 구성 방식
개념	개념 정리, 그림이 필요하면 그리기	개념 + 관련 문제와 풀이 과정
문제 풀이	풀이 과정 꼼꼼하게 쓰기	한 페이지에 문제 하나씩
오답 노트	오답의 과정과 이후의 과정 모두 쓰기	한 페이지에 문제 하나씩 오답의 풀이 과정과 정답 풀이 과정이 한눈에 보이도록

수학 노트 정리 체크리스트

구분	점검 내용	체크 (✓)
개념 노트	단원명과 핵심 개념을 정리했는가?	☐
	공식의 의미나 도출 과정을 정리하였는가?	☐
	개념과 예시 문제를 적절하게 배치했는가?	☐
	색깔 펜, 표, 도형 등을 활용해 시각적으로 정리했는가?	☐
문제 풀이 노트	한 페이지에 한 문제씩 여유 있게 작성했는가?	☐
	문제 번호, 출처를 기록했는가?	☐
	풀이 과정을 단계별로 자세히 썼는가?	☐
	각 단계에서 사용한 개념이나 공식을 표시했는가?	☐
	계산 실수를 점검하고 수정했는가?	☐
	글씨를 깔끔하게 써서 복습하기 쉽게 만들었는가?	☐
오답 노트	틀린 문제를 옮겨 적었는가?	☐
	처음 시도한 풀이 과정을 생략 없이 적었는가?	☐
	오답의 원인을 구체적으로 분석했는가?	☐
	올바른 풀이 과정을 단계별로 다시 정리했는가?	☐
	오답의 핵심 개념이나 공식을 표시했는가?	☐
	같은 유형의 문제를 한두 개 더 풀어 보았는가?	☐

역사

　역사는 사건과 연도만 외우는 과목이 아닙니다. 사건이 일어났다면 그 사건이 왜 일어났는지 어떤 과정을 거쳐 어떤 결과를 낳았는지 전체적인 흐름을 파악해야 합니다. 그 사건이 오늘날 우리에게 어떤 영향을 주었는지까지 이해할 수 있어야 역사를 제대로 공부했다고 할 수 있습니다.

　역사를 공부할 때는 각각의 사건을 따로 암기하는 것보다 시간의 흐름에 따라 여러 사건이 어떻게 이어지고 어떻게 변화했는지 파악하는 것이 우선입니다. 교과서의 목차도 역사의 흐름에 맞추어 구성되어 있습니다. 역사 교과서를 공부할 때도 큰 맥락을 먼저 잡고 그 안에 세부 사건을 추가하며 정리하는 습관을 들여야 합니다. 사건을 정리할 때는 '왜'라는 의문을 갖고 왜 이 사건이 발생했는지, 왜 이런 과정을 거쳤는지, 왜 이런 결과가 발생했는지 생각하며 교과서의 내용을 이해합니다.

　고려의 성립을 공부한다면 왜 고려가 성립되게 되었는지 고려 이전인 통일 신라 말기의 혼란을 살펴보고 그것이 고려의 성립과 어떤 관련이 있는지 등을 함께 살피는 거죠. 시대별 정치·경제·사회·문화의 특징에 대해 공통점과 차이점을 살필 필요도 있습니다. 역사는 사건과 사건의 연결고리를 이해하고 그 흐름 속에서 시대 변화를 읽어 내는 것이기 때문입니다.

연표 중심으로 정리하기

가장 효과적으로 정리하는 **역사 노트 정리 방법은 연표 중심으로 정리하는 것**입니다. 좀 오래되긴 했지만 제가 고등학생 때 역사 선생님께서 칠판에 긴 한 줄을 긋고 그 시간에 배울 연도를 쓰면서 설명하셨습니다. 역사의 흐름이 어떻게 흘러가는지 한눈에 볼 수 있어서 오랫동안 기억에 남았습니다.

연표는 사건들을 시간 순서대로 배열해 역사적 맥락을 한눈에 보여 줍니다. 교과서에 제시된 연표를 기본으로 정리하면서 선생님이 수업 시간에 강조한 사건을 포함합니다. 시험 문제는 대부분 수업 시간 강조한 부분이 중심으로 출제되므로 수업 시간의 내용을 꼼꼼하게 정리할 필요가 있습니다.

노트 정리를 하기 전에 교과서의 목차를 중심으로 교과서와 프린트를 3번 이상 읽으며 중요하다고 생각되는 사건들을 밑줄 긋습니다. 교과서의 본문을 살펴보면 진한 글씨가 있을 겁니다. 진한 글씨는 그 단원에서 반드시 알아야 할 단어들입니다. 그 단어를 중심으로 교과서와 프린트의 내용을 이해하려고 노력하며 공부합니다.

노트를 정리할 때는 왼쪽에 연도와 날짜를 쓰고 오른쪽에는 구체적인 사건을 정리합니다. '1592년 임진왜란 발발'이라고만 쓰기보다 그 옆에 '조선의 국방력 한계 드러남, 이후 광해군의 전후 복구 정책으로 이어짐'과 같이 사건의 결과나 의의를 덧붙여 사건의 원인, 과정, 결과를 쓰는 거죠. 그래야 사건을 이해하기 수월합니다. 노트를 정리할 때 화살표나 연결선 등 기호나 약어를 사용하면 그 내용을 직관적으로 파악할

일본 개항 / 메이지 유신 / 제국주의화 (청·일, 러·일 전쟁)

Keyword.	Notes.

일본의 개항

미·일 수호 통상 조약
- 항구 개항 • 최혜국 대우
- 협정 관세 • 영사재판권

↳ 미·일 화친 조약
~~안 헷갈리게 주의하기!~~

배경 : 청이 아편전쟁에서 패배한 것을 알고 서구 열강 군사력 경계 시작

전개 ① 미국 함대가 접근하여 무력시위 벌임 → 미·일 화친 조약을 맺어 개항

② 미국 요구를 수용하여 미·일 수호 통상 조약 체결

③ 개항에 대한 비판 + 수입으로 인한 국제 경제 (피해) → 민중 불만 ↑ (← 불평등 조약)

④ 일부 하급 무사들이 존왕양이 운동 (막부 타도, 천황을 중심으로 외세를 몰아내자)을 전개 → 막부 타도로 이어짐

결과 : 에도 막부 물러고, 메이지 정부 수립

메이지 유신

부국 강병을 목표로 (서양문물을 적극적으로 수용하는 근대화 정책 추진)

→ 메이지 유신 ① 에도를 도쿄로 이름을 바꾸어 수도로 삼음

② 폐번치현 : 다이묘가 다스리던 개인의 땅을 없애고 현을 설치하여 지방관을 보내 중앙 집권 체제 확립

③ 신분 차별을 없애고 서양식 교육제도 실시

④ 유학생과 이와쿠라 사절단을 미국과 유럽에 파견 (← 불평등한 조약들을 개정하기 위해 (개정은 실패))

⑤ 근대적 산업 육성 / 철도 부설 / 근대적 군대 육성

자유 민권 운동

전개 : 메이지 유신 진행 중 헌법제정 + 서양의회 제도를 도입하자는 자유 민권 운동이 발생함.

결과 : 운동을 탄압하는 한편 일본제국헌법 제정(1889) + 의회 개설(1890) (실제로는 모든 방면에서 천황에게 절대적 권한 부여)

청·일 전쟁

배경 : (대외 팽창 정책을 추진하다) 조선에 대한 지배권을 두고 청과 대립, 전쟁 발발

결과 : 일본의 승리, 시모노세키 조약 체결 → 청이 일본에게 막대한 전쟁배상금 지불 + 랴오둥반도 → 타이완 할양

삼국 간섭

배경 : 일본을 견제하던 러시아가 프랑스, 독일과 함께 일본 압박

결과 : 랴오둥반도 청에 반환

러·일 전쟁

배경 : 러시아가 영향력을 확대하려 하자 영일 동맹을 맺고 러일전쟁 발발

결과 : 일본 승리, 러시아와 포츠머스 조약 체결 (미국의 중재로) → 만주와 한반도에 대한 이권 획득

핵심 키워드가 드러난 역사 노트

〈송의 건국과 변천〉

1. 조광윤(송태조) - 조광윤은 카이펑을 수도로 송을 세움
   (1) 당 멸망 이후 계속된 중국의 혼란을 수습함
   (2) 태조는 절도사의 권한을 빼앗고 문신을 우대하는
      문치주의 정책을 실시함
   (3) 과거제 개혁
      → 재상권을 축소해 황제권을 강화함

      → 문치주의 정책으로 국방력이 약화된 틈을 타 요·서하 등
        이 송을 압박함

2. 송   요에 매년 막대한 물자를 제공하는 조건으로
        강화를 맺고, 화친을 맺음

   (1) 송의 재정악화 물자와 국방비 등에 증가하면서 송의 재정이 악화됨
   (2) 왕안석 민생 안정과 부국강병을 위한 개혁을 추진 → 실패
   (3) 남송(1127) 더욱 쇠약해진 송은 금의 침략으로 화북을 빼앗기고
        창강 이남으로 수도를 옮김

교과서 제목 중심으로 필기한 역사 노트

수 있습니다.

반드시 기억할 것은 **중요한 사건들 사이에 여유 공간을 남겨 둬야 한다는 겁니다. 여백이 있어야 새로운 내용을 추가하거나 그림, 도표 등을 넣을 수 있습니다.** 교과서 외에 참고서, 문제집, 인터넷 자료 등 다양한 자료의 내용을 보충하면 내용이 풍성해져서 이해하기 좋습니다. 단원을 모두 학습한 뒤에는 한 페이지짜리 핵심어만 담은 연표를 만들어 시험 직전 복습하면 더욱 효과적이겠지요.

연표를 어떻게 만들 것인지 고민할 필요 없습니다. 앞서 이야기했듯이 교과서는 역사의 흐름 순으로 구성되어 있습니다. **교과서 흐름에 따라 정리하면 역사 전체 연표가 되는 거죠.** 대단원은 여기서부터 시작이라는 느낌이 들도록 노트 첫 페이지에 컴퓨터용 사인펜 등 두꺼운 펜으로 제목이나 키워드를 씁니다. 그다음에는 검은색 볼펜으로 연도를 쓰고 그해의 사건들을 중심으로 정리합니다. 연표 중심으로 정리하는 것은 연도를 암기하려는 게 아니라 사건의 흐름과 사건 간의 관계를 수월하게 이해하기 위한 것입니다.

교과서 속 자료 정리하기

크게는 연표 중심으로 정리하지만 각 사건을 정리할 때는 교과서의 자료도 같이 정리해야 합니다. 역사 교과서에는 그림, 사진, 지도, 도표 같은 시각 자료가 많이 수록되어 있습니다. 이 자료들은 보조 자료가 아니라 시험과 학습에 직접적으로 활용되는 핵심 학습 요소입니다. 그 자료들은 본문의 내용을 효과적으로 이해하기 위한 자료입니다.

시험 문제를 살펴보면 교과서에 있는 사진이나 지도, 도표를 그대로 활용한 문제가 출제됩니다. 수업 시간 다룬 자료를 통해 학생들이 시험에서 당황하지 않고 문제를 풀도록 하기 위함입니다. 이 자료들이 얼마나 중요한지는 더 이상 말하지 않아도 알 수 있겠죠?

교과서에 있는 모든 자료를 반드시 살펴보아야 합니다. 사진이나 그림이 나왔다면 그 사진이나 그림이 어떤 내용을 뒷받침하기 위한 사진이나 그림인지, 그래프가 나왔다면 어떤 것을 이야기하기 위한 그래프인지 살펴야 합니다. 특히 지도는 전쟁의 경로나 민족의 이동, 영토의 변화 등과 같은 역사의 흐름을 한눈에 보여 주기 때문에 매우 중요한 자료입니다. 지도의 해석과 함께 지도 속 화살표의 이동 경로, 출발지와 도착지, 경로상의 주요 지점 등은 아주 중요합니다. 그 지도와 관련된 사건이 역사적으로 어떤 의미를 지니는지도 함께 정리해 두면 훨씬 효과적이겠지요.

학생들이 필기하는 모습을 살펴보면 교과서에 제시된 지도를 노트에 옮겨 그리기도 하고 투명 포스트잇을 활용해 그려 붙이기도 합니다. 어떤 방식이든 상관없습니다. 중요한 것은 지도의 내용을 충분히 이해하는 것이니까요. 사진이나 그림 자료도 마찬가지입니다. 교과서에 수록된 자료를 그대로 옮기는 것이 중요한 것이 아니라 **그 자료가 역사적으로 어떤 의미를 지니는지를 충분히 이해하고 그 내용을 바탕으로 노트를 정리**해야 합니다.

1. 교황권의 성장으로 크리스트교 문화가 확산되다

1. 게르만족의 이동와 서유럽의 문화

  (1) 게르만의 이동

    ① 배경 : 4C후반 중앙아시아 유목민인 훈족 압박

    ② 이동 : 서유럽, 지중해 연안, 아프리카등 서로마 제국 곳곳에 나라수립

    ③ 결과 : 서로마 제국이 게르만족 출신 용병대장에 의해 멸망 (476)

  (2) 교황권의 성립

    ① 서유럽에서 로마교회의 대주교가 스스로 교황이라 자처

      → 점차 권위자가 됨

    ② 교회의 주교들도 교회의 권위를 바탕으로 도시와 농촌 지배

    ③ 교회와 성직자가 종교, 일상생활까지 깊게 관여

로마 가톨릭 교회의 최고성직자.
로마가톨릭 대주교 : 교리와 신앙적 모든 사항에 절대적 권위 have

교과서의 지도를 그대로 옮겨 그린 노트

비교, 구조화하기

역사를 공부할 때 다른 시대와 비교하면 이해가 더 쉽습니다. 특정 시대만 따로 떼어 놓고 보면 특징이 잘 드러나지 않을 수 있지만 다른 시대의 정치, 경제, 문화적 특징을 나란히 놓고 비교하면 공통점과 차이점이 한눈에 드러나기 때문입니다. 이것을 표로 정리하면 이해하기 좋습니다. 고구려와 백제, 신라의 통치 체계를 비교하는 표를 만들어 보았습니다. 위에는 나라를 쓰고, 왼쪽에는 기준을 쓴 뒤 각각의 특징

고구려, 백제, 신라 통치 체계

구분	고구려	백제	신라
귀족 회의 (합의 제도)	제가 회의	정사암 회의	화백 회의(만장일치) — 왕권 견제
수상	대대로(막리지)	상좌평	상대등
관등	10여 관등(소수림왕)	16관등(고이왕)	17관등(법흥왕)
관제	내평, 외평, 주부	6좌평	10부(집사부 포함)
지방 행정 (수도)	5부(고국천왕)	5부(성왕)	6부(소지왕)
지방 행정 (지방)	5부(욕살 파견)	5방(방령 파견)	5주(군주 파견) → 지증왕
지방 행정 (특수)	3경(평양성, 국내성, 한성)	22담로(무령왕) (왕족 파견)	2소경 (국원소경, 북소경)
군사 조직	각 성주가 병력 보유	방·군 단위로 군대 배치	군주가 군대 지휘, • 서당(중앙): 모병제 • 6정(지방): 진골 출신 지휘

공통: 지방 행정 조직과 군사 조직의 일원화(지방관이 군 지휘관 겸임)

을 쓰는 겁니다.

공통점이 있다면 표 맨 아래에 공통점을 씁니다. 그러면 공통점과 차이점이 한눈에 들어와서 이해하기도, 공부하기도 훨씬 수월할 것입니다.

'왜'라는 질문을 놓지 않고 고민하며 정리한다면 나만의 역사 노트를 만들 수 있을 것입니다.

역사 노트 정리 체크리스트

구분	점검 내용	체크 (✓)
흐름 정리	사건의 원인-과정-결과를 연결하여 정리했는가?	☐
	시대별 정치·경제·사회·문화의 특징을 함께 정리했는가?	☐
	사건 간의 관계를 화살표나 연결선으로 나타냈는가?	☐
	각 사건이 다음 사건으로 이어지는 흐름을 이해했는가?	☐
연표 정리	교과서 목차를 중심으로 전체 흐름을 파악했는가?	☐
	연표에 연도·사건·결과를 구체적으로 함께 적었는가?	☐
	사건 사이에 여백을 남겨 추가 내용을 기록했는가?	☐
자료 정리	교과서 속 사진·지도·도표를 모두 살펴보았는가?	☐
	지도 속 이동 경로나 지역 변화를 정확히 표시했는가?	☐
	사진이나 그림의 역사적 의미를 노트에 함께 정리했는가?	☐
	비교표 아래에 공통점을 따로 정리했는가?	☐

사회

　사회 과목은 정치, 경제, 법, 지리, 환경, 사회 문제 등 다양한 분야가 서로 융합되어 있고 개념 이해와 이를 실제 사회 현상에 적용하는 과정이 동시에 필요한 과목입니다. 많은 학생들이 어떻게 공부해야 할지 제일 막막해하는 과목이기도 합니다. 사회 과목은 **교과서에 나오는 개념을 명확히 알고 그것을 실제 사회 현상에 어떻게 적용해야 하는지 고민하면서 공부해야 합니다.**

　사회 과목은 단원별로 주제가 뚜렷하게 구분되어 있어서 학습할 때는 단원의 핵심 개념과 원리를 정리하고, 그와 관련된 사례나 자료, 그림, 도표 등을 함께 덧붙이는 방식으로 노트를 정리합니다. 핵심 개념은 보통 단원의 제목으로 제시됩니다. 예를 들어 '시장 경제'를 배우는 단원이라면 단원의 제목이 이미 '시장 경제'라고 되어 있을 겁니다. 그리고 이 '시장 경제'라는 개념을 공부하면서 여기에 연결되는 개념인 수요와 공급의 원리, 가격 결정 방식, 정부의 역할, 그리고 실제 생활 속에서 찾아볼 수 있는 사례를 함께 구조화하면 단원의 뼈대를 잡을 수 있습니다.

개념 중심으로 정리하기

　사회 노트 정리의 핵심은 단연 개념입니다. 사회 과목은 수많은 개념어를 중심으로 구성되어 있고, 이 개념을 얼마나 정확히 이해했는지가 사회 공부의 출발점이자 기준이 됩니다. 답안 작성도 마찬가지입니다.

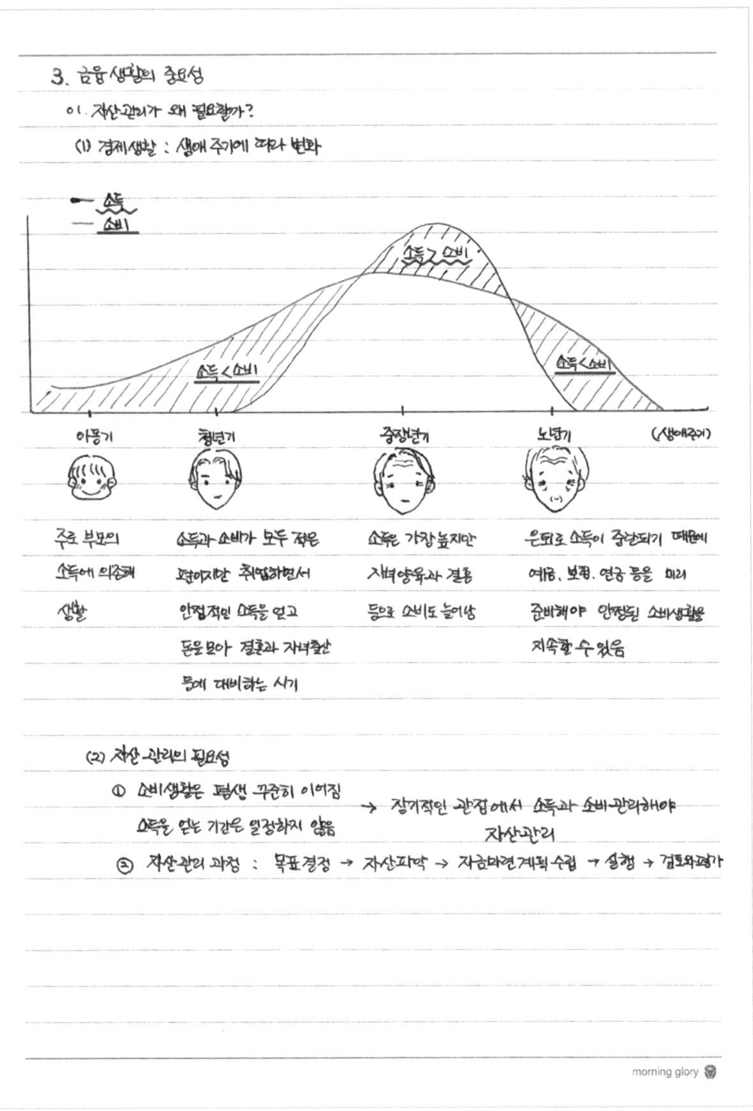

3. 금융 생활의 중요성

01. 자산관리가 왜 필요할까?

  (1) 경제생활 : 생애 주기에 따라 변화

  (2) 자산 관리의 필요성

    ① 소비생활은 평생 꾸준히 이어짐 → 장기적인 관점에서 소득과 소비 관리해야

      소득을 얻는 기간은 일정하지 않음   자산관리

    ② 자산관리 과정 : 목표 설정 → 자산파악 → 자금마련계획 수립 → 실행 → 검토와평가

시각화를 통해 핵심어를 기억하도록 한 사회 노트

아무리 답을 근사하게 적었더라도 핵심 개념어가 빠지면 정답으로 인정받지 못하거나 감점됩니다. 실제로 사회 선생님들도 '핵심 개념이 빠지면 답안으로 인정하기 어렵다'고 강조합니다.

'세계화는 정치·경제·사회·문화 등 여러 영역에서 국가 간의 상호 의존성이 심화되는 현상을 말한다'는 말을 '세계화: 나라 간 교류 ↑, 의존도 ↑, 갈등 가능 ↑'처럼 핵심 개념을 정리할 때는 **핵심 개념은 그대로 정리하되 자신만의 말로 정리**합니다. 이렇게 정리해야 시험이나 발표 때 답이 자연스럽게 떠오릅니다.

노트 정리 순서를 정한다면 '개념어 → 정의 → 사례 → 관련 개념'의 흐름으로 쓰면 좋습니다. 예를 들어 '정치'라는 개념을 공부한다면 노트에 '정치'라고 쓰고 먼저 정의를 정리합니다. 넓은 의미의 정치는 '일상생활에서 발생하는 구성원 간의 대립과 갈등을 조정하며 해결해 나가는 모든 활동'을 말하고, 좁은 의미의 정치는 '정치 권력을 획득, 유지, 행사하는 국가와 관련한 활동'을 뜻합니다. 정의만으로는 잘 와닿지 않습니다. 사례를 함께 적어 두면 개념이 실제 상황과 자연스럽게 연결되어 훨씬 쉽게 이해됩니다. 넓은 의미의 정치 사례로는 '학급 회의, 아파트 주민 회의, 최저 임금 위원회의 활동 등이 있고 좁은 의미의 정치 사례로는 '국회의 입법 활동', '대통령의 통치 행위' 등이 있습니다.

이런 내용을 함께 쓰면 정의가 좀 쉽게 이해되겠죠. 그 뒤에 민주주의, 공동체, 다수결의 원리 등 정치와 관련된 개념을 함께 정리하면 의미가 자연스럽게 이어질 겁니다.

Ⅱ. 헌법과 국가기관

1. 법을 만드는 국회

01. 국회는 어떤 가관일까?

(1) 의회와 의회주의   (권력 분립)

1) 권력의 남용을 막기위해 ① 입법 ② 행정 ③ 사법으로 나눔

입법권 : 국가 운영기준을 제시하는 법을 만드는 권한
'의회'에 부여
<u>헌법 40조 : 입법권은 국회에 속한다.</u>

의회 : 국가의 중요한 의사를 결정 → (의회 주의)
<u>제헌국회 : 1948년 5월 10일 대한민국 최초의 국회 헌법제정</u>

(2) 국회의 구성과 조직

1) (국회) : 의회를 부르는 말

① (국회의원)으로 구성 (국민이 직접 선출, <u>연임가능</u> 임기 4년)

→ 국회의원의 수 법률로 정하되 200인 이상으로 규정

┌ 지역구 국회의원 : 지역구에서 가장 많은 표 얻어서 당선
└ 비례대표 국회의원 : 정당별 득표율에 따라 선출

② 국회대표

㉠ 국회의장 1명, 부의장 2명

㉡ 국회의원 중에서 국회 재적의원 과반수의 득표로 선출

③ 국회 운영

㉠ 효율적이고 전문적인 심의를 위해 (위원회) 중심으로 운영

<u>의회 위원들의 협의 기관</u>

┌ <u>상임위원회 : 각 분야를 전담하기위해 항상 활동</u>
└ <u>특별위원회 : 특별한 안건이 생겼을때 활동</u>

㉡ 본회의에서 표결을 통해 의사 결정이 이루어짐

┌ <u>1년에 한번 열리는 정기국회</u>
└ <u>대통령이나 국회의원의 요구 열리는 임시국회</u>

개념의 뜻을 이해하며 정리한 사회 노트

개념을 정리할 때 내용이 한눈에 들어오도록 표를 활용하는 것도 좋습니다.

구분	세계화 장점	세계화 단점
경제	무역 활성화	경제 격차 확대
문화	다양한 문화 교류	전통문화 약화
환경	국제 협력 촉진	환경 파괴

중요한 개념은 색깔을 달리하거나 형광펜으로 표시하는 등 자신만의 방법으로 표시해 눈에 띄게 합니다. 그러면 기억도 잘 나고 복습할 때도 한눈에 들어옵니다.

어떤 학생은 노트의 한쪽 페이지에는 개념들을 정리해 놓고, 반대쪽에는 제목만 쓰고 개념 정리 페이지와 똑같이 빈 틀을 만들어 두기도 합니다. 그리고 공부를 다 했다 싶으면 개념을 정리한 페이지를 가리고 반대쪽 빈 틀에 그 내용을 써 가면서 공부하기도 하더라고요. 그렇게 작은 단원 하나하나를 차근차근 공부하면 암기가 잘되겠다 싶었습니다.

도표와 자료 정리하기

사회 교과서에는 다양한 도표, 그래프, 통계 자료가 실려 있습니다. 이 자료들은 참고용이 아니라 반드시 해석하고 이해해야 하는 핵심 학

근로자의 인간다운 삶을 위해 임금, 근로시간, 휴가 등 최소한의 근로조건 보장.

노동 3권
- 단결권 : 단체를 만들 수 있음.
- 단체교섭권 : 노동조합을 통해 사용자와 근로 조건을 협의할 수 있음
- 단체행동권 : 합의가 원만하게 이루어지지 않았을때 일정한 절차를 걸쳐
  - 파업, 태업   할 수 있음 (쟁의 행위)

※ 노동조합 : 근로자 들이 조직한 단체

아래 조건을 갖추지 않을 시 부당해고가 된다
① 사용자는 적어도 30일 전에는 해고 계획을 알려야 한다.
② 문서를 통해 알려야 한다.
③ 해고 사유와 시기를 알려야 한다.

부당노동
부당 해고가 발생한다면 근로자는 노동위원회에 구제를 신청 하거나
법원의 재판을 통해 권리를 구제 받을 수 있다
(노동 3권을 보장 받는 방법)

부당 노동 행위 : 노동 3권을 침해하는 행위

영토가 넓고 인구가 많아 간접민주제 채택
의회 국회 : 국민의 의사를 반영하여 법률을 제정하는 입법기관

사항	봐야 하는것?	정당	
지역구	뽑힌 국회의원을 목록을 명칭	비례대표	→ 득표율기 비례하여 선출 : 소수당도 자리차지 가능
4년	국회의원의 임기	4년	공통점
O	국회의4당 회의 참석여부	O	

도표를 활용한 사회 노트

습 자료입니다. 시험 문제를 살펴보면 도표나 그래프를 제시하고 '이 자료가 의미하는 것은 무엇인가?', '어떤 사회 현상을 설명하는 자료인가?'와 같이 도표나 그래프를 읽어 내는 문제 형태가 자주 등장합니다. 도표나 그래프를 읽어 내는 문제를 잘 풀기 위해서라도 **노트를 정리할 때 도표나 그래프가 무엇을 의미하는지 공부하고 그것을 직접 그려 보며 정리하는 습관이 필요**합니다.

인구 변화를 나타내는 그래프를 공부할 때는 출생률과 사망률 등이 무엇을 의미하는지 그래프의 변화를 통해서 어떤 사회 현상을 알 수 있는지를 읽으려 애써야 합니다. 그 내용을 노트에 같이 정리하고 표에 대한 해석도 정리해 둡니다. 예를 들어 '출생률이 급격히 하락하면서 고령화 사회로 진입함 → 노동 인구 감소, 복지 비용 증가 문제로 이어짐'처럼 원인과 결과를 연결합니다. 처음에는 표나 그래프를 읽는 것이 다소 어려울 수 있습니다. 하지만 이런 방식으로 표나 그래프를 읽고 정리하는 연습을 하면 할수록 점점 자료를 해석하는 능력이 길러져 나중에는 표나 그래프를 보면 그 의미를 자연스럽게 파악할 수 있습니다.

실제 사회 이슈와 연결해서 정리하기

사회 과목은 실생활과 밀접하게 연결되어 있습니다. 수업 시간에 배운 내용은 공부의 대상이지만 현실에서 비슷한 일이 벌어지면, 그 내용은 더 이상 공부의 대상만이 아니라 내가 사는 사회를 이해하는 도구가 됩니다. **교과서에서 살펴본 내용을 뉴스 기사나 사회 이슈와 연결해**

(다양한 사회집단)

1차 집단
가족이나 또래 집단처럼   구성원의 접촉 방식   2차 집단
친밀감과 인격적   친밀도에 따라   학교나 회사 처럼 집단의
접촉을 강조   목적 달성을 위하여 형식적
                               구성원의 사회집단   이고 수단적
공동 사회   결합의지에 따라
가족이나 또래 처럼 자면   이익 사회
발생적으로 만들어진 집단   회사나 정당 처럼 구성원의
                                                       결합의지가 반영되어 구성된집단

내집단 = 우리집단   구성원의 소속   외집단 = 그들집단
내가 소속감을 느끼고   유무에 따라   자신이 속하지 않아서 반
우리라는 의식을 강하게   감이나 싫은 감정을 가지게
가지는 집단   되는 집단

문화 O	문화 X
① 인간이 행동을 후천적으로 만들어낸 것	① 자연 현상
② 본능이 아니라 학습에 의한것	② 개인의 습관
③ 사회 구성원이 지속해서 공유 하는 생활양식	③ 생물적 본능에 의한 행동
	④ 일시적 충동적 행동
	⑤ 체질과 같이 선천적으로 타고 나는것

도표 형식으로 기준에 따라 개념을 비교한 사회 노트

함께 살펴보는 것을 추천합니다. 사회 선생님들이 수업을 준비하는 모습을 보면, 수업 내용과 관련된 뉴스 기사나 사회 이슈를 찾아보는 경우가 많습니다.

사회 과목을 공부할 때도 비슷하게 공부하면 그 내용을 이해하는 데 도움이 되겠지요. 물가 상승을 공부했다면 최근 뉴스에서 인플레이션 관련된 기사나 가계 경제의 어려움과 관련된 사례를 찾아보는 겁니다. 이렇게 공부하면 교과서에 있는 개념이 나와 관련 없는 추상적인 문장이 아니라, 내 삶과 직접 연계되는 살아 있는 지식으로 다가와 더 오랫동안 기억될 겁니다. 이렇게 찾아본 내용은 수업 시간에 다룬 것이 아니라 이해의 폭을 넓히기 위한 것이므로 꼭 노트에 정리하지 않아도 됩니다.

구조화와 비교를 통한 정리

사회 과목은 다른 개념과 현상을 비교하고 구조화하는 것이 중요합니다. 정치 단원이라면 대통령제와 의원내각제를 나란히 놓고 비교할 수 있습니다. (다음 페이지 참조.) 대통령제는 국민이 직접 선출한 대통령이 행정부 수반이 되어 권한과 책임을 갖지만 의원내각제는 의회 다수당이 내각을 구성해 총리가 권력을 행사합니다. 이렇게 비교하면 각각의 특징을 더욱 잘 이해할 수 있습니다.

경제 단원도 마찬가지입니다. 시장 경제와 계획 경제의 특징을 표로 정리해 두면 두 경제의 장단점을 한눈에 파악할 수 있습니다. (다음 페이지 참조.) 이런 비교 학습은 서술형 문제나 논술형 문제에서 답안을

구분	대통령제	의원 내각제
국가 원수	대통령이 국가 원수 겸 행정부 수반	국가 원수(왕 또는 대통령)와 행정부 수반(총리)이 분리됨
행정부 구성	대통령이 행정부를 이끌며 의회와 독립적	의회 다수당의 대표가 총리가 되어 내각을 구성
의회 관계	대통령은 의회에 책임지지 않음 (삼권 분립 강조)	내각은 의회 다수당의 지지를 받아야 하며 불신임 시 총사퇴
선출 방식	국민이 직접(또는 간접) 대통령 선거로 선출	국민이 의회를 선출 → 의회 다수당이 총리를 선출
임기 보장	대통령 임기 동안 비교적 안정적	의회의 불신임 결의로 내각 교체 가능
장점	권력 분립으로 견제와 균형 강화, 정책의 연속성 확보	의회와 협력이 원활, 정책 결정과 집행이 빠르고 유연
단점	대통령, 의회 갈등 시 정책 교착 가능	다수당이 권력을 독점할 경우 권력 남용 가능
대표 국가	미국, 한국, 브라질	영국, 독일, 일본

작성하는 데 큰 도움이 됩니다.

사건이나 현상이 있다면 그것을 구조화해서 정리하면 훨씬 이해하기 수월합니다. 예를 들어 '지구 온난화'라는 주제를 원인-현상-대책 구조로 정리하는 겁니다. 원인으로는 화석 연료의 과다 사용이나 삼림 파괴를 쓰고 현상에는 해수면 상승과 이상 기후를, 대책에는 신재생 에너지 개발이나 국제 협약 참여를 쓰면 전체 흐름이 더 명확해지겠지요. 이렇게 구조화하며 정리하면 훨씬 논리적으로 정리할 수 있습니다.

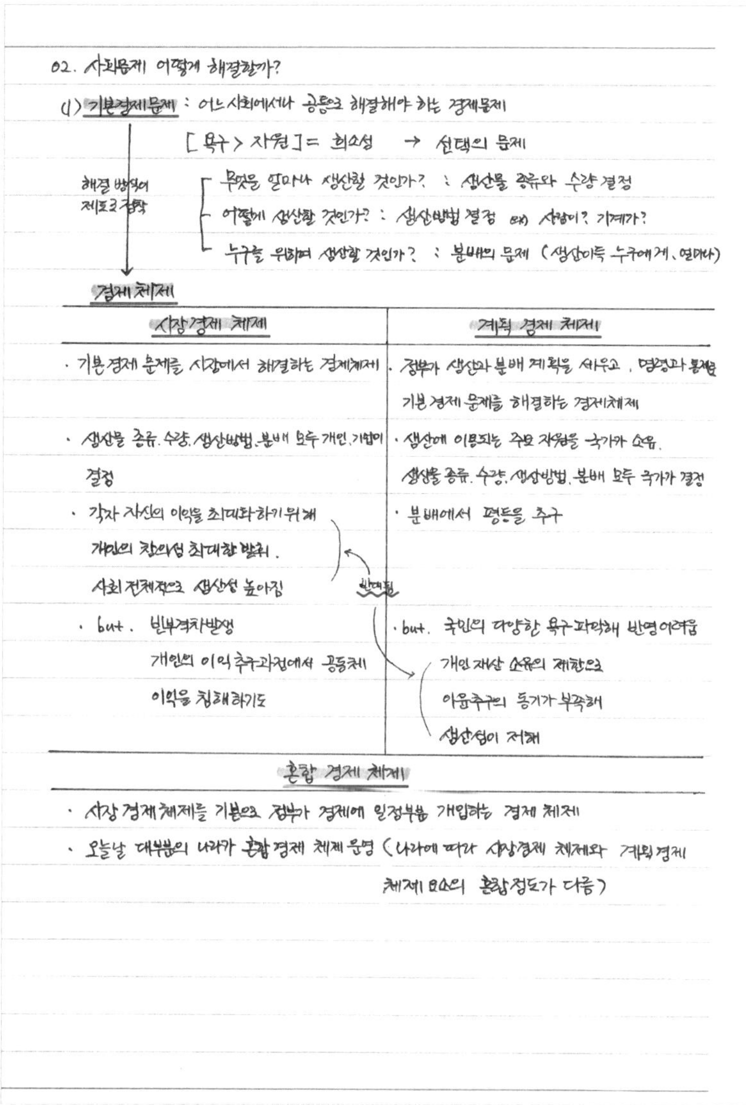

도표를 활용해 두 개념을 비교한 사회 노트

02. 왜 환율에 관심을 가질까?

(1) 환율의 의미와 표시

① 환율 : 두 국가의 화폐를 교환하는 비율 、 외국 화폐의 가치(가격)

예) 미국 1달러 = 우리나라 원화 1,100원

→ 미국 달러화와 우리나라 원화 사이 환율 : 달러당 1,100원

표기 : 1,100원 / 달러

② 미국달러화 : 국제 거래에서 가장 널리 사용

③ 대부분 국가에서 미국 1달러당 자국화폐 얼마에 교환되는가로 환율 표시

(2) 환율의 결정

① 외국화폐의 수요와 공급으로 결정

- 환율이 상승하면 1달러를 얻기위해 원화를 많이 지급 → 원화가치 하락
- 환율이 하락하면 1달러를 얻기위해 원화를 적게 지급 → 원화가치 상승

사회의 환율 단원을 정리한 노트

지리 단원 노트 정리하기

지리 단원 노트 정리는 조금 다릅니다. 정치나 경제 단원에서는 개념을 구조화하고 비교하는 방식이 효과적이지만 **지리 단원은 지도를 중심으로 정리**해야 합니다. 기후, 인구 분포, 산업 지역과 같은 내용을 글로 외우려고 하면 헷갈립니다. 이 개념들을 지도에 직접 표시하며 익히면 훨씬 빠르고 정확하게 기억할 수 있습니다.

세계 기후를 공부할 때 '온대 기후: 사계절이 뚜렷함'이라고 특징을 쓰는 것보다 지도 위에 온대 기후 지역을 색칠하고 대표 도시를 표시한 뒤 해당 지역의 농업 형태(밀, 포도 재배, 낙농업 등)나 생활 양식(난방 설비 보급, 사계절 문화 축제 등) 등을 함께 쓰면 한눈에 그 지역의 특징과 생활 모습을 함께 살펴볼 수 있습니다.

일반적으로 노트를 정리할 때는 삼색 볼펜과 형광펜으로 충분합니다. 하지만 **지리 단원을 정리할 때는 색연필을 사용하는 것을 추천**합니다. 마인드맵 노트 필기법을 설명할 때 색깔이나 그림을 활용하면 좌뇌와 우뇌를 모두 활용할 수 있다고 했습니다. 지리 단원은 지도라는 그림이 있으니 색깔까지 함께 사용하는 거죠. 기후대를 색깔별로 구분하거나 주요 산업 지역에 색칠하면 복습할 때 눈에 더 잘 들어옵니다. 기억에도 오래 남습니다.

사회는 여러 교과 중 우리 삶과 가장 가까운 과목입니다. 정치 제도, 경제 활동, 사회 · 환경 문제까지 모두 교과서 안에만 있는 지식이 아니라 우리의 삶에서도 찾을 수 있습니다. 사회 노트를 정리할 때도 이 점을 생각하고, **핵심 개념을 정확히 이해한 뒤 다양한 자료와 실제 사례를 함**

께 살펴보면 기억에도 오래 남고 실생활에도 큰 도움이 됩니다.

사회 과목을 필기하는 동안 끊임없이 질문을 던지고 그 답을 찾으면서 공부해야 효과적으로 공부할 수 있습니다.

사회 노트 정리 체크리스트

구분	점검 내용	체크 (✓)
개념 정리	단원의 중심 개념(예: 시장 경제, 세계화 등)을 명확히 적었는가?	☐
	개념의 정의를 교과서 표현으로 정리한 뒤 자신의 말로 다시 써 보았는가?	☐
	개념과 관련된 사례를 구체적으로 함께 기록했는가?	☐
	표나 도식으로 내용을 한눈에 볼 수 있도록 구성했는가?	☐
	개념별로 빈 틀을 만들어 스스로 복습하며 채워 보았는가?	☐
도표·자료 해석	교과서에 제시된 도표·그래프를 꼼꼼히 해석했는가?	☐
	각 자료가 어떤 사회 현상을 설명하는지 정리했는가?	☐
	표나 그래프의 '원인→결과' 흐름을 함께 정리했는가?	☐
	직접 그래프나 표를 그려 보며 이해했는가?	☐
구조화·비교	구조나 비교 정리를 통해 전체 흐름을 이해했는가?	☐

과학

    과학은 개념도 중요하지만 그보다 그 원리를 이해하고 실험을 통해 탐구하며 다양한 자료를 해석하는 능력을 키우는 과목입니다. 사회와 더불어 학생들이 어떻게 공부해야 할지 막막해하는 과목이기도 합니다. 과학을 공부할 때는 항상 '왜?'라는 질문이 필요합니다. '왜?'에 대한 답을 찾는 과정이 과학을 공부하는 과정입니다.

    노트 정리를 할 때 개념을 구조적으로 정리하고 그와 관련된 실험 등 시각적인 요소를 함께 활용해야 합니다. 과학은 원리와 탐구 과정이 핵심이므로 노트를 정리할 때 '이해-정리-적용'의 순으로 필기합니다.

개념 중심으로 구성하기

    과학은 비교적 위계가 뚜렷한 과목입니다. 과학의 위계가 드러나도록 단락별 체계를 세워서 정리할 필요가 있습니다. 큰 제목은 (1), (2)처럼 괄호로 표시하고 소단원이나 소주제는 ①, ② 같은 동그라미 숫자나 ㉠, ㉡과 같은 기호를 사용하는 등 자신만의 규칙을 정합니다. 이렇게 정리해 두면 나중에 다시 볼 때 내용을 빠르게 파악할 수 있습니다.

    과학은 핵심 키워드 중심으로 이해해야 합니다. 다른 과목에 비해 중요한 용어나 개념이 아주 많은 편은 아닙니다. 오히려 개념 하나하나가 매우 중요합니다. **각 개념이 생겨난 과정과 원리를 반드시 이해해야 합니다.**

    먼저 개념을 정의하고 주요 성질이나 조건을 정리합니다. 그 뒤 그

Ⅶ. 별과 우주

1. 별과 우리은하

(1) 별은 얼마나 멀리 떨어져 있을까

1) 시차 : 관측자의 위치에 따라 물체의 겉보기 방향이 달라지는 정도

2) 시차의 크기 : 두 관측 지점과 물체가 이루는 각도

3) 연주시차 : 별의 시차를 측정하면, 거리를 구할 수 있음.

지구의 공전궤도 상에서 약 6개월 간격으로 측정한 시차의 절반

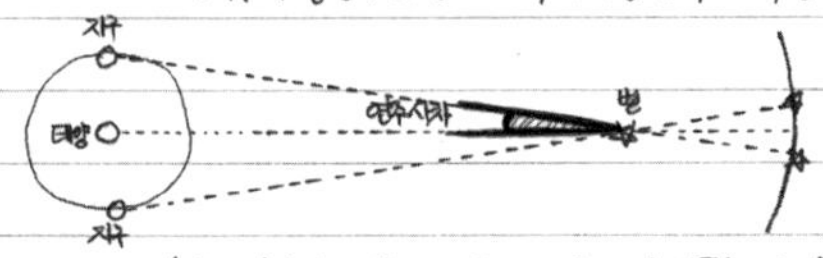

① 6개월 간격으로 지구에서 측정한 별 S의 시차는 ∠ASB 이고,

이 시차의 $\frac{1}{2}$ 이 연주시차

② 별의 연주시차 : 거리가 (멀)면 별의 연주시차 (작음)

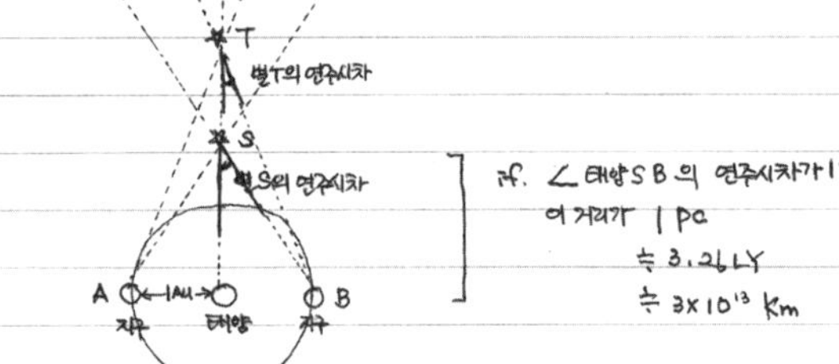

③ 연주시차 단위 : 초 (")

㉠ 연주시차 1" 인 별까지의 거리 ≒ 1 파섹 (pc)

㉡ 별까지 거리의 단위 : 1 광년(LY) 을 사용하기도 함

개념과 관련된 실제 사례나 관련 현상을 덧붙입니다. '광합성'을 정리할 때 '빛에너지를 이용해 포도당을 합성하는 과정'이라고 정의를 쓰고, 그 옆에 엽록체 구조 그림과 실제 광합성 반응식을 적은 뒤 '낮에는 산소 방출, 생태계 에너지 순환의 출발점'이라는 의미를 덧붙이면 직관적으로 이해할 수 있습니다.

표와 그래프를 적극 활용하기

과학을 공부할 때 개념 간의 관계를 비교하고 수치나 변화가 있다면 그것을 분석해야 합니다. 노트를 정리할 때도 표와 그래프를 활용하면 복잡한 개념도 한눈에 파악할 수 있습니다.

물질의 상태 변화를 공부한다고 하면 고체-액체-기체의 성질을 글로 적으면 외우기도 어렵고 헷갈리기 쉽습니다. 이것을 표로 정리하면 차이점이 훨씬 눈에 잘 들어옵니다.

구분	고체	액체	기체
입자 배열	규칙적, 빽빽함	불규칙적, 다소 느슨	매우 불규칙적, 간격 큼
입자 운동	제자리에서 진동	이동 + 진동	자유롭게 운동
부피, 모양	모두 일정	부피 일정, 모양 변함	모두 변함

식물의 생장 곡선도 마찬가지입니다. 싹이 트고 줄기가 자라고 꽃이

피고 열매를 맺는 과정을 '천천히 싹이 트고 어느 순간 급속하게 자라다가 다시 천천히 열매를 맺는다'고 정리하면 단순한 문장입니다. 이것을 그래프로 그려서 제시해야 합니다. 그래프로 그리면 초기에는 완만하다가 중간에 급격히 성장하고 마지막에 다시 완만해지는 'S자 곡선' 형태를 그립니다. 이렇게 정리하면 초기의 성장 속도가 느린 모습과 일정 시점 이후 성장이 둔화되는지를 한눈에 보고 그 원인에 대해 생각할 수 있습니다.

지구과학을 공부할 때도 마찬가지입니다. 한 지역의 기후를 이해하려면 기온과 강수량을 함께 놓고 보아야 하는데 '어느 지역의 기온이 얼마고 강수량이 얼마다'라고 글로 쓰는 것보다 그래프로 살펴보는 것이 이해가 더 빠릅니다. 서울의 기후를 그래프로 나타내면 여름철에 기온과 강수량이 높고 겨울철에 둘 다 낮아지는 특징을 읽을 수 있습니다. 글로 길게 설명해야 하는 내용을 그래프 한 장으로 그리면 쉽게 이해할 수 있습니다.

과학 노트는 도식, 그림, 표, 그래프 등 시각 자료를 활용해 '보는 노트'가 되도록 작성합니다.

실험 따로 정리하기

과학 학습에서 빼놓을 수 없는 부분은 실험입니다. 교과서를 보면 거의 모든 단원마다 실험이 있고 수업 시간에도 실험 활동이 이루어집니다. 실험은 실험 목적, 사용 도구, 실험 방법, 실험 결과, 그 결과의 의미까지 종합적으로 이해하는 활동입니다. 수업 시간 선생님이 실험을 보여 주며 그 실험에 대해 이해하기 쉽게 설명할 겁니다. 이 실험들은 개념 이해를 돕는 중요한 과정입니다.

실험을 '실험 목적-준비물-과정-결과-알게 된 점'의 형식으로 정리하면 학습 효율을 크게 높일 수 있습니다. 중요한 것은 **결과를 보며 '왜 이런 현상이 나타났을까?', '이 실험은 어떤 개념과 연결되는가?'와 같은 질문을 던지는 습관**입니다. 이 사고 과정이 과학적 탐구력을 키우는 출발점이 됩니다.

실험을 정리할 때 그림이나 순서도도 함께 작성합니다. 석회수에 이산화탄소를 불어넣는 실험을 정리할 때 '석회수가 뿌옇게 변했다'고 기록하는 것보다 석회수의 색이 뿌옇게 변하는 실험 과정을 도식화하고 '$Ca(OH)_2 + CO_2 \rightarrow CaCO_3 \downarrow + H_2O$'의 화학 반응식으로 적어 두는 거죠. 그러면 원리와 과정을 한눈에 파악할 수 있습니다.

실험 내용을 정리할 때는 다음과 비슷한 형식으로 정리하면 됩니다.

1. 실험 일시, 실험자
2. 실험 제목과 목적
3. 준비물
4. 실험 과정
5. 실험 결과
6. 알게 된 점
7. 느낀 점

영역별 노트 정리법

과학은 네 가지 영역이 서로 다루는 주제와 성격이 다릅니다. 노트 정리 방법도 조금씩 다릅니다.

물리는 힘, 운동, 전기처럼 공식과 그래프가 많은 편입니다. 개념을 배운 뒤 공식과 연결해야 합니다. 예를 들어 'F＝ma'를 정리한다고 하면 먼저 공식을 적고 '힘은 질량과 가속도의 곱'이라는 의미를 정리하고, '자동차가 무거울수록 같은 힘으로 가속도가 줄어든다'고 공식이 실제로 활용되는 사례를 함께 정리하고 관련된 계산 문제도 필기합니다. **'속력-시간 그래프'처럼 시험에 자주 출제되는 그래프는 반드시 직접 그려서 정리**해야 합니다. 그래프를 눈으로 익히고 손으로 다시 그리는 과정에서 개념을 이해할 수 있습니다.

화학은 물질의 성질과 반응을 다루므로 **화학 반응식과 그 조건을 빠짐없이 정리**해야 합니다. 반응식만 적는 것이 아니라 반응 전후의 물질 변화, 실험에서 관찰할 수 있는 현상까지 함께 메모합니다. 중화 반응을 정리할 때는 '반응식: $HCl + NaOH \rightarrow NaCl + H_2O$'라고만 쓰는 것이 아니라 '결과: 온도 상승, 염 생성, 실험 관찰: 온도계 눈금이 상승'까지 함께 정리합니다.

생물은 세포, 유전, 생태계 등 그림과 과정 중심의 단원이 많습니다. **세포 구조 그림, 유전 과정 도식, 생태 피라미드 같은 시각 자료를 옮겨 적고 각 단계의 의미를 정리하는 방식이 효과적**입니다. 화살표를 사용해 흐름을 나타내면 시각적으로 이해하기도 수월하겠지요.

지구과학은 지구와 우주의 구조와 변화를 다루기 때문에 **지도, 단면**

Q7) 전기에너지 전환과 소비전력은?

1) 전기에너지 전환

① 전기에너지가 열에너지로 전환되는 가전제품 : 전기 주전자. 밥솥
② 〃 빛에너지로 〃 : 텔레비전 . 전등
③ 〃 소리에너지로 〃 : 텔레비전 . 스피커
④ 〃 운동에너지로 〃 : 세탁기 . 믹서기 . 선풍기
⑤ 〃 화학에너지로 〃 : 배터리 충전

→ 전기에너지 전환이 이루어질 때는 한가지 에너지로만 전환되는 것이 아니라

두가지 이상의 에너지로 동시 전환됨

2) 소비전력

① 1초 동안 전기기구가 소모하는 전기에너지의 양
② 소비전력 단위 : W (와트)
③ 1W의 의미 : 1초동안 1J의 전기에너지를 소모

ex) 소비전력 1200W : 1초동안 1200J의 전기에너지를 소모함

3) 전력량

① 전기가구가 일정시간동안 소모하는 전기에너지의 양
② 전력량 (wh) = 소비전력 (w) × 시간 (h)
③ 소비전력 단위 : wh (와트시) . kwh (킬로와트시)
④ 1wh의 의미 : 소비전력이 1W인 전기가구를 1시간 동안 사용했을 때 소모하는 전기에너지의 양
⑤ 가정에서 전력량계로 측정 → kwh 단위로 각 가정에 고지 → 이를 기준으로 전기요금 부과

물리 정리 노트

Ⅰ. 화학반응의 규칙과 에너지 변화

1. 물질의 변화와 화학 반응식

(2) 화학반응을 식으로 표현해

1) 화학반응 : 화학 변화가 일어나 어떤 물질이 전혀 다른 성질의 새로운 물질로 변하는 반응

2) 화학반응식 : 화학 반응을 원소기호를 이용한 화학식과 기호, 계수 등으로 나타낸 것

예) 물을 생성하는 반응의

화학 반응식

$$2H_2 + O_2 \xrightarrow{\triangle} 2H_2O$$

계수 / 수소를 나타낸 화학식 / 산소를 나타낸 화학식 / 계수 / 물을 나타낸 화학식

= 수소와 산소가 반응하면 물이 만들어진다.

① 반응물질 : 수소와 산소처럼 반응이 일어나기 전의 물질

② 생성물질 : 반응결과 만들어진 물질

③ 반응물질이 화학반응하여 생성물질이 되는 과정을 화학 반응식으로 표현하기

1단계	수소 + 산소 → 물
: 반응물질과 생성물질의 이름으로 화학 반응을 표현한다.	: 반응 물질은 화살표 왼쪽에, 생성물질은 화살표 오른쪽에 적는다. 반응물질 또는 생성물질 사이는 +로 연결한다.
2단계	$H_2 + O_2 \rightarrow H_2O$
: 반응물질과 생성물질을 화학식으로 표현한다.	: 수소의 화학식은 H_2, 산소의 화학식은 O_2, 물의 화학식은 H_2O 이다.
3단계	$H_2 + O_2 \rightarrow H_2O$
: 반응 전후에 원자의 종류와 개수가 같도록 계수를 맞춘다. 단, 계수가 1일때는 생략 한다.	$H_2 + O_2 \rightarrow 2H_2O$
	: 반응물질에 있는 산소원자가 2개이므로 물분자를 2개로 만들어야 산소원자의 개수가 같아진다.
	$2H_2 + O_2 \rightarrow 2H_2O$
	: 생성물질에 있는 수소원자가 4개이므로 수소분자를 2개로 만들어야 수소원자의 개수가 같아진다.
4단계	$2H_2 + O_2 \rightarrow 2H_2O$
: 반응 전후에 원자의 종류와 개수가 같은지 확인한다.	

원자의 종류	반응전	반응후	
수소	0 0 0 0	0 0 0 0	→ 4개로 같다
산소	○ ○	○ ○	→ 4개로 같다.

화학 정리 노트

(5) 복잡하고 다양한 사람의 유전

· 사람의 다양한 유전형질

V자형 이마 vs 일자형 이마   보조개 有 vs 無

엄지가 젖혀짐 vs 곧음   쌍꺼풀 vs 외꺼풀

분리형 귓볼 vs 부착형 귓볼   엄지발가락이 길다 vs 둘째 발가락이 길다

· 미맹유전

미맹? PTC 용액의 쓴맛을 느끼지 못하는 형질

쓴맛을 느끼는 경우와 미맹인 경우로 대립형질이 뚜렷함
→ 하나의 형질에 대해 뚜렷하게 대비되는 형질

멘델의 우열의 원리와 분리의 법칙을 따름

[잡종 1세대에 나타나는것 : 우성
  잡종 1세대에 나타나지 않는것 : 열성

→ 순종 두 대립형질을 교배 했을때
잡종 1세대에서 우성형질만 나타나는 현상

→ 생식세포를 만들때 잡종 1대의 대립유전자가 서로 다른 생식세포로 나뉘어들어감
잡종 1대에서 나타나지 않았던 열성형질이 잡종 2대에서 일정한 비율로 나타남

쓴맛을 느길 수 있게 하는 유전자는 미맹유전에 대해 우성임

미맹유전자가 (상염색체)에 있기 때문에 남녀에 따른 차이가 (나타나지 않음)

유전자	A: 쓴맛을 느낄수 있게 하는 유전자	
	a: 미맹유전자	
표현형	쓴맛을 느낌	미맹
유전자형	AA, Aa	aa

생물 정리 노트

도, 천체 모형을 활용해 정리합니다. 실제로 판이 만나는 경계에서 일어나는 현상(지진, 화산 활동) 등을 그림으로 그리거나 태양·지구·달의 상대적 위치를 직접 그리면서 달의 위상 변화를 공부하면 기억에 오래 남습니다.

구조화된 제목 체계, 핵심 키워드 중심의 정리 그리고 다양한 시각 자료와 실험 기록을 활용하면 학습 효과를 극대화할 수 있습니다. 과학은 각 영역의 특성에 맞게 정리하면서도 **모든 정리의 중심에는 '왜 이런 현상이 나타나는가?'라는 질문이 필수입니다.**

과학은 암기만이 아니라 이해와 탐구, 적용을 요구하는 과목입니다. 잘 정리된 과학 노트는 시험 준비용 자료를 넘어, 세상을 과학적으로 바라보는 힘을 기르는 중요한 도구가 될 것입니다.

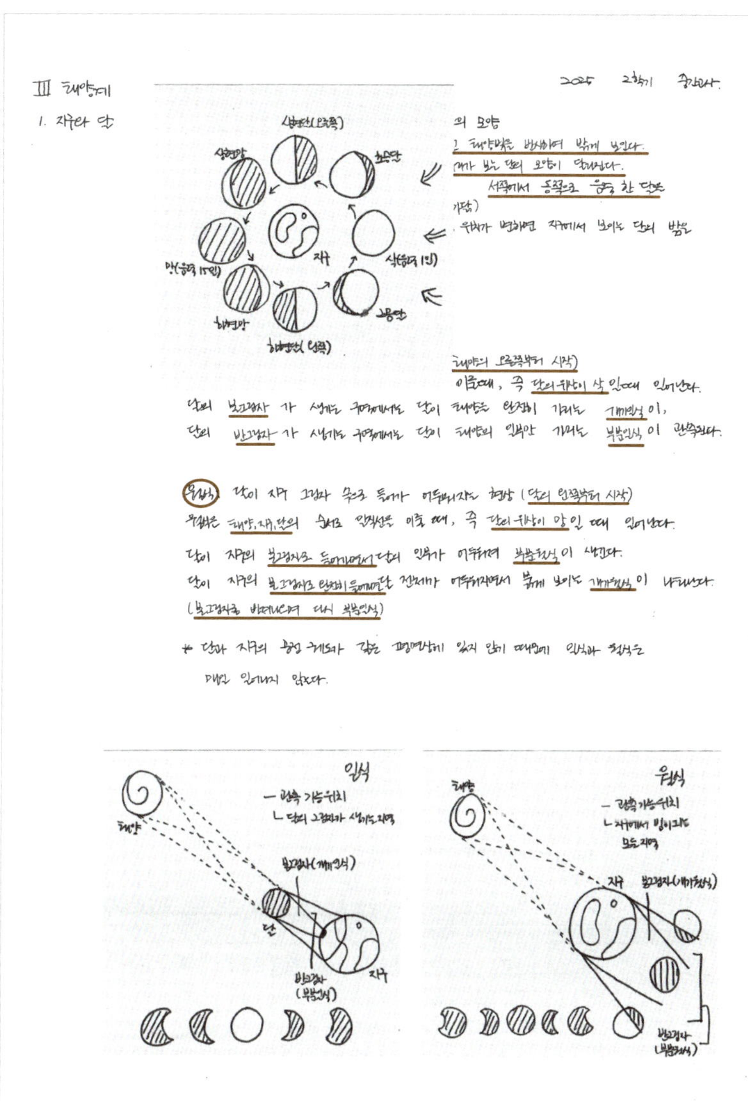

지구과학 정리 노트

Ⅲ 태양계
　　　　11. 지구와 달

1. 지구의 크기 측정하기
　- 에라토스테네스의 가정
　① 지구는 완전한 구형이다 (X)
　② 지구로 들어오는 햇빛은 평행하다 (O)
　③ 알렉산드리아과 시에네 사이의 거리는 5000 스타디아 (약 925km) 이다 (X)
　→ 지구의 둘레 : 약 40000km / 에라토스테네스가 구한 둘레 : 약 46000km
　* 지구 크기를 측정하기 위한 두 지역은 서로 같은 경도, 다른 위도에 위치해야한다.
　- 360° : 지구둘레(2πR) = 중심각(θ) : 호의 길이(ℓ)
　　　　　　　　　　　└ 두 지점의 위도차　　└ 두 지점 사이의 거리

2. 달의 크기 측정하기
　　　　　　　　　　　　　　　┌ 멀리 알고있어야 하는 것
　→ ⟨달의 지름⟩ : 구멍의 지름 = 달까지의 거리 : 종이까지의 거리
　- 오늘날 지구의 반지름은 약 6400km, 달은 1700km로 약 ¼ 배 이다.
　* 달의 크기는 태양의 크기의 약 1/400 배이지만, 비슷한 크기로 보인다. 그 이유는 태양까지의
　　거리가 약 400 배 더 멀기 때문이다.

3. 지구의 운동으로 나타나는 현상
　- ⟨지구의 자전⟩ : 지구가 자전축을 중심으로 하루에 한 바퀴씩 서쪽→동쪽으로 회전하는 운동
　• 지구의 자전으로 나타나는 현상
　　└ ① 태양이 동쪽에서 떠서 서쪽으로 진다
　　　② 낮과 밤이 번갈아 나타난다
　　　③ 천체의 일주 운동이 일어난다
　　　　└ 천체가 하루에 한 바퀴씩 천구의 북극 (북극성 근처)을 중심으로 회전하는 겉보기 운동
　- 북반구 중위도에서 관찰한 일주운동
　　① 북쪽하늘 : ↻　　(북극성을 중심으로 원운동)
　　② 서쪽하늘 : ↘
　　③ 남쪽하늘 : →　　(지면과 수평)
　　④ 동쪽하늘 : ↗
　- ⟨지구의 공전⟩ : 지구가 1년에 1바퀴씩 태양을 중심으로 서쪽에서 동쪽으로 도는 운동
　- 태양의 연주 운동 : 태양이 별자리를 배경으로 서쪽에서 동쪽으로 1년으로 주기를
　　가지고 도는 겉보기 운동이며, 태양이 지나가는 길을 황도라고 하고, 황도에 위치하는
　　대표적인 별자리 12개를 황도 12궁이라 한다.
　- 우리나라에서 한밤중에 남쪽하늘에서 관측가능한 별자리는 태양의 반대쪽에 있는
　　별자리 이다. 따라서 한밤중에 관측되는 별자리는 지구가 공전함에 따라 달라진다.

이해를 중심으로 한 과학 노트

과학 노트 정리 체크리스트

구분	점검 내용	체크 (✓)
기본 요소	'왜 이런 현상이 나타나는가?'를 중심으로 사고했는가?	☐
	이해–정리–적용의 순서로 체계적으로 필기했는가?	☐
	중요한 식·원리·법칙은 색깔 펜이나 박스로 강조했는가?	☐
개념 이해	단원별 핵심 개념과 용어를 스스로 정의해 보았는가?	☐
	개념의 성질이나 조건을 예시와 함께 정리했는가?	☐
	개념이 생겨난 이유나 원리를 '왜?'라고 질문하며 탐색했는가?	☐
	큰 제목·소단원·세부 주제를 체계적으로 구분했는가?	☐
시각 자료	표를 사용해 유사하거나 반대되는 개념을 비교했는가?	☐
	그래프를 활용해 변화나 관계를 시각적으로 표현했는가?	☐
	그림, 순서도, 실험 장치, 도식 등을 직접 그려 넣었는가?	☐
	시각 자료 옆에 간단한 설명문이나 의미를 덧붙였는가?	☐
실험 기록	실험 목적, 준비물, 과정을 단계별로 정리했는가?	☐
	실험 결과를 구체적으로 기록했는가?	☐
	결과를 통해 알게 된 점과 의미를 정리했는가?	☐
	실험 결과를 관찰값·그래프·표 등으로 시각화했는가?	☐
	결과에서 얻은 과학적 의미나 원리를 설명했는가?	☐

2교시

오답 노트

지필평가를
성공적으로 이끄는
수학 오답 노트

열공에도 성적이
그대로인 이유

많은 학생이 공부를 잘하려고 문제집을 풉니다. 대부분 개념을 이해하지 못한 문제에서 오답이 나옵니다. 다 안다고 자만하다가 실수하지 않는 이상 잘하는 부분에서는 오답이 나오는 경우는 드뭅니다. 반복적으로 틀리는 부분은 정해져 있습니다.

틀린 문제를 충분히 공부하지 않고 다시 풀었을 때 그 문제를 또다시 틀릴 확률은 70%나 된다고 합니다. 오답 노트로 틀린 문제를 다시 분석해야 합니다. 슬램덩크라는 만화에 "왼손은 거들 뿐"이라는 말이 나옵니다. 문제도 마찬가지입니다. **문제를 푸는 것보다 개념을 제대로 이해하고 암기하는 것이 우선입니다. 문제집은 그 개념을 제대로 이해하고 암기했는지를 거들 뿐입니다.** 그 문제가 틀렸다면 다른 문제를 더 풀 것이 아니라 관련 개념을 확실하게 익혀야 합니다.

모르는 부분을 완벽하게 이해하지 못한 상태에서 문제집만 여러 권 푼다고 그 내용을 제대로 알 수는 없습니다. 그렇게 제대로 개념을 이해한 다음에 오답 풀이를 해야 합니다. 오답 풀이를 하면서 이해가 안 되는 부분이나 반복적으로 틀리는 부분을 체크해야 합니다. 그 부분에서 다루는 개념이 무엇인지 제대로 익혀야 합니다. 대충 연습장에 끄적끄적 쓰는 것은 효과가 없습니다. 일목요연하게 정리해야 합니다.

문제를 풀면 오답 노트를 작성해야 합니다. 오답 노트를 만들어야 한다는 것을 알지만 귀찮아서 오답 노트를 작성하지 않는 경우도 있고, 오답 노트를 만들어도 다시 들춰 보지 않는 경우도 있습니다. 오답 노트를 만드는 건 시간 낭비라고 생각해서 틀려도 오답 노트를 작성하지 않고 다른 문제를 푸는 경우도 있습니다. 하지만 한 번 틀린 문제는 어떤 이유에서든 분명 공부하는 과정에서 발목을 잡을 수 있습니다. 다시 공부해 놓지 않으면 다음에 또 비슷한 문제가 출제되었을 때 또 틀릴 가능성이 높습니다.

틀린 문제를 보면서 대체로 '몰라서 틀린 것이 아니라 실수했다' 아니면 '다 알고 있었는데 잘못 생각했다'고 이야기합니다. 하지만 실전에서 '실수'는 곧 '실력'입니다. **오답 노트를 작성하는 목적은** 틀린 문제를 다시 풀기 위함만이 아닙니다. **그 문제를 왜 틀렸는지 분석하고 비슷한 문제가 나왔을 때 다시 틀리지 않기 위함**입니다. 실수했다면 앞으로 그 실수를 하지 않아야 하고 잘못 생각했으면 바로 생각할 수 있어야 다음에 또 틀리지 않습니다.

문제를 틀리는 이유는 여러 가지가 있습니다. 개념을 제대로 이해하지 못했을 수도 있고, 문제를 잘못 이해했을 수도 있고, 식을 잘못 읽거나 썼을 수도 있습니다. 무슨 이유로 그 문제를 틀렸는지 분석해야 다음에 같은 잘못을 반복하지 않습니다. 그래야 다음 단계로 나아갈 수 있습니다.

오답 노트를 작성할 때는 틀린 문제뿐 아니라 찍어서 맞힌 문제도 써야 합니다. 찍어서 맞힌 문제는 실력으로 푼 것이 아니라 운이 좋았을 뿐이니까요. 이번에는 운이 좋아서 맞혀도 다음에는 틀릴 수 있습니다. 오답 노트를 작성하기 전, 자신이 푼 문제를 보면서 출제 의도를 제대로 알고 풀었는지, 필요한 개념이 뭔지, 제대로 이해했는지, 출제자의 의도에 맞는 풀이 과정을 거쳤는지 등을 생각해야 합니다. 이에 부합하지 않는다면 그 문제도 오답 노트에 작성하는 것이 좋습니다.

그러나 너무 많은 오답을 쓰라고 하면 오답 노트를 쓰지 않으려 할 수 있습니다. 근무교 학생들이 다니는 학원 중에 숙제를 정말 많이 내주는 곳이 있는데, 학생들 사이에서 숙제를 거짓으로 하는 요령이 전설처럼 내려옵니다. 학생 보호 차원에서 자세한 비법은 밝힐 수 없지만 숙제하는 모습을 보면 입이 떡 벌어집니다. 어떻게든 혼나지 않으려는 학생들의 꼼수를 보면서 참 대단하다고 생각했습니다. 오답 노트도 너무 많이 써야 한다면 지칠 수 있습니다.

오답 노트를 작성할 때도 기준이 필요합니다. 우선, 문제를 풀었는데 절반 이상 틀렸다면 그 문제집은 아이의 수준에 비해 어려운 겁니다. 좀 더 쉬운 문제집을 고르거나 다시 개념 공부를 해야 합니다. 아이마다 다르겠지만 10문제를 풀었다면 2~3개 정도 틀리면 오답 노트를 써도 의미가 있습니다.

오답 노트를 작성하라고 하면 틀린 문제를 옮겨 적고 문제집의 해설을 그대로 베껴 쓰는 학생들이 많습니다. 결과는 비슷하지만 그것은 제대로 된 오답 노트가 아닙니다. 오답 노트를 통해서 내가 무엇을 제대로 이해하지 못했는지 무엇을 실수했는지 점검해야 합니다. **시간이 다소 걸려도 교과서나 정리 노트에서 틀린 문제와 관련된 단원을 찾아서 꼼꼼하게 읽어 개념을 정확하게 공부해야 합니다. 개념을 충분히 이해한 뒤 다시 문제를 차근차근 풉니다.**

오답 노트를 작성하고 충분히 이해되지 않았다는 생각이 들면 하루나 이틀 뒤에 다시 문제를 봅니다. 그러면 그 문제를 틀린 순간에는 생각하지 못했던 것들이 생각나서 문제를 풀 수 있습니다. 그래도 틀린다면 제대로 공부하지 못한 것이므로 다시 차근차근 공부합니다.

오답 노트를 작성하는 이유는 부족한 부분을 찾기 위함입니다. 반복해서 틀렸다는 것은 그 부분이 많이 부족하다는 뜻이니 그 부분을 다시 공부합니다. **나의 학습 구멍을 메워 줄 치트 키가 바로 '틀린 문제'입니다.**

오답 노트를 작성할 때는 그 문제가 틀린 이유도 씁니다. 문제를 이해하지 못했는지, 개념을 이해하지 못했는지, 수학이라면 계산 과정을 실수한 것인지 등을 간단하게 써 놓는 겁니다. 그래야 그 문제를 다시 볼 때 어디에 초점을 두고 보아야 할지 빨리 파악할 수 있습니다.

오답 노트는 '오답'을 쓰는 노트가 아니라 '오답'을 통해서 '약점'을 개선하는 노트입니다. 문제와 관련된 개념이 이해될 때까지 개념 부분을 공부하고, 다시 문제를 풉니다.

03. A, B가 다음과 같을 때, A+B의 값을 구하시오

$$A = -2 \times \sqrt{(-5)^2} + (-\sqrt{12})^2 - (-\sqrt{7})^2$$
$$B = \sqrt{144} - \sqrt{64} \div (-\sqrt{2})^2$$

$A = -2 \times \sqrt{(-5)^2} + (-\sqrt{12})^2 - (-\sqrt{7})^2$

$\quad = -2 \times 5 - 12 + 7$　　←　제곱근의 성질

$\quad = -10 - 12 + 7$　　　　　　$a > 0$ 일때

$\quad = -15$　　　　　　　　　　$(\sqrt{a})^2 = a$

　　　　　　　　　　　　　※ $(-\sqrt{a})^2 = a$

$B = \sqrt{144} - \sqrt{64} \div (-\sqrt{2})^2$

$\quad = 12 - 8 \div (-2)$

$\quad = 12 + 4$

$\quad = 16$

$A + B = -15 + 16 = 1 \quad \times$

오답노트)　$A = -2 \times \sqrt{(-5)^2} + (-\sqrt{12})^2 - (-\sqrt{7})^2$

$\quad = -2 \times 5 \oplus 12 \ominus 7$

$\quad = 5$

$B = \sqrt{144} - \sqrt{64} \div (-\sqrt{2})^2$

$\quad = 12 - 8 \div ②$

$\quad = 8$

$A + B = 3$

개념을 정리하고, 다시 풀이한 오답 노트

복습과 오답 노트, 공부를 단단하게 만드는 두 날개

공부를 잘하는 학생들의 공통점 중 하나는 바로 꾸준히 복습한다는 점입니다. 같은 내용을 배워도 그것을 얼마나 자기 것으로 소화하느냐는 복습 여부에 따라 달라집니다.

저는 강의를 듣는 것을 무척 좋아합니다. 강의를 들을 때면 빠짐없이 사진을 찍고 노트에 빼곡히 필기합니다. 그런데 이상한 점이 있습니다. 강의를 듣고 나서 시간을 내어 사진이나 노트 필기를 다시 살펴보면 강의 내용이 더 오래 기억에 남지만, 바빠서 다시 살펴보지 못한 경우에는 그렇게 열심히 들었던 강의도 며칠 지나지 않아 기억에서 희미해집니다. 기억에 남는 내용과 사라지는 내용의 차이는 복습이 있었느냐 없었느냐입니다.

복습은 단순한 반복이 아니라 학습 내용을 머릿속에 정착시키는 과정입니다. 복습하지 않으면 그 내용은 금세 잊어버리지만 복습하면 머릿속에 남아 실력이 됩니다. 복습을 통해 실력이 쌓이면 어느 순간 이를 바탕으로 선행 학습도 가능합니다.

그렇다면 어떻게 해야 복습을 효과적으로 할 수 있을까요?

무엇보다 수업 시간에 집중해서 듣는 것이 기본입니다. **수업에 온전히 집중한 뒤 주요 개념을 필기하고 수업이 끝난 후에는 그 필기를 바탕으로 다시 노트를 정리해야 합니다.** 이 과정에서 내가 어떤 내용을 이해했고 어떤 부분에서 막혔는지 자연스럽게 파악할 수 있습니다.

그런데 수업을 열심히 듣고 정리도 꼼꼼하게 잘해 놓고도 "선생님,

이거 어떻게 문제로 나와요? 너무 막막해요"라고 질문하는 학생들이 많습니다. 이 말은 아직 공부가 실전으로 이어지지 않았다는 의미입니다. 공부한 내용을 문제로 적용하지 못하면 이해가 아니라 암기만 했을 가능성이 있습니다. 그래서 문제를 풀어야 합니다. 문제를 푸는 이유는 문제를 많이 푸는, 소위 양치기를 하라는 것이 아닙니다. 그보다 내가 배운 내용을 얼마나 정확히 이해했는지 점검하는 겁니다.

문제를 풀면서 배운 내용을 실전에 적용해 보아야 합니다. 자기 나름대로 열심히 공부했다고 해도 그 내용을 제대로 알고 있는지, 그것이 어떻게 문제화되는지, 그것이 문제화되었을 때 어떻게 답을 써야 하는지를 잘 모르면 시험에서 제대로 된 힘을 발휘하기 어렵습니다. 문제를 풀면서 '아, 이 개념이 이런 질문이 될 수 있구나', '이런 조건이 나오면 이렇게 접근해야겠구나'를 자연스럽게 훈련해야 합니다. **문제를 푸는 것은 그 자체가 목적이 아니라 배운 내용을 문제 상황에 맞게 전환하고 활용하는 목적이라는 점을 잊지 말아야 합니다.**

저는 요즘 한 단원이 끝나면 각 단원 쪽지 시험을 봅니다. 학생들은 시험을 보기 전에 분명히 완벽하게 공부했다고 자신만만해했는데, 문제를 풀면서 이런 부분이 교과서에 있었냐고 질문을 많이 합니다. 그래서 교과서 몇 페이지에 그 내용이 나온다고 설명하면 자신이 필기하고 정리한 내용인데도 기억하지 못하는 학생도 있었고, 대충 공부해놓고 안다고 생각하고 자신만만해했던 학생도 있었습니다. 또 어떤 학생은 문제를 풀면서 자신이 이해를 잘못했다고 깨닫기도 했습니다. 그 학생들을 보면서 앞으로는 공부를 한 뒤 문제를 풀려서 자신이 제대로 알고 있는지 살피도록 해야겠다는 생각이 들었습니다.

제가 준 쪽지 시험은 문제가 간단해서 오답 노트까지 쓸 건 없었지만, 시험 기간 공부하는 학생들을 살펴보면 학원에서 나눠 준 것 같은 문제를 잔뜩 푼 다음 오답 노트를 작성합니다. 틀린 문제가 나오면 왜 틀렸는지 무엇이 부족했는지를 파악하고 정리해야 합니다. 그것이 오답 노트입니다. 오답 노트를 잘 쓰면 자신이 어떤 개념이 약한지, 어떤 문제 유형에서 자주 실수하는지를 분석할 수 있습니다.

'지피지기면 백전백승'이라고 했습니다. 공부할 때도 내가 무엇을 알고 무엇을 잘 모르는지 제대로 아는 것이 가장 중요합니다. **오답 노트는 내가 무엇을 알고 모르는지 진단하고 평가할 수 있는 훌륭한 도구입니다.**

만일 문제집을 풀었는데 오답이 너무 많다면 아직 그 단원의 개념을 제대로 이해하지 못한 상태일 가능성이 큽니다. 이럴 때는 무작정 문제를 더 풀기보다 교과서로 돌아가 개념부터 차근차근 다시 공부해야 합니다. 저는 학생들에게 20문제를 풀었을 때 5문제 이상 틀리면 계속 문제를 풀 것이 아니라 개념 공부부터 다시 하라고 합니다. 개념이 불완전한 상태에서는 아무리 많은 문제를 풀어도 실력이 쌓이지 않기 때문입니다.

복습은 '복습-문제 풀이-오답 정리'라는 세 단계를 통해 비로소 완성됩니다. 이 과정을 꾸준히 하면 자기주도적 학습 태도를 기를 수 있습니다. 이러한 태도와 습관이야말로 장기적으로 학업에서 성취를 이루는 확실한 방법입니다.

오답노트　Unit 10.11 (10/17)

material material material material material 재료
method method method method method 방법
journey journey journey journey journey 여행
curious curious curious curious curious 호기심이 많은
similar similar similar similar similar 비슷한
assist assist assist assist assist 돕다

1. 주어진 문장이 들어갈 가장 알맞은 곳은? 1)
They had done it
① ② ③ ④ ⑤ 정답 ③
4. 밑줄친 Heyerdahl's theory 이 의미하는 바를 우리말로 적으시오. 4)
정답 polynesia 인들이 남미에서 왔을 것이다.
6. Which is NOT mentioned in the passage? 6)
① what Mark Bustos does for a living
② why Mark Bustos gives people free haircuts
③ where Mark Bustos first started giving people free haircuts
④ when Mark Bustos gave people free haircuts in Los Angeles
정답 ④ when Mark Bustos' gave people free haircuts in Los Angeles

공부를 시스템으로 바꾸는 오답 노트

오답 노트는 단순히 틀린 문제를 옮겨 적는 것을 의미하는 것이 아닙니다. 복습의 연장선이자 자기주도 학습의 핵심 도구입니다. 오답 노트를 잘 쓰면 그 자체로 훌륭한 복습 자료가 됩니다. 오답 노트를 효과적으로 쓰기 위해서는 다음의 원칙을 기억해야 합니다.

첫째, 문제와 정답을 그대로 옮긴다.

틀린 문제를 원문 그대로 적어 놓고 정답과 그 이유를 함께 정리합니다. 문제를 다시 쓰면 문제에 제시된 조건, 표현, 보기 등을 꼼꼼히 읽게 됩니다. 그 과정에서 처음 풀 때는 미처 발견하지 못했던 단서들을 발견할 수 있습니다. 또 문제를 다시 쓰는 과정에서 떠올리지 못했던 새로운 시각으로 문제를 바라보고 문제를 이해할 수 있습니다. 문제가 너무 길어서 그대로 옮기기 힘들다면 핵심 조건이나 그림만 간단히 옮겨도 됩니다. 대신 나중에 문제를 다시 찾아보지 않아도 이해할 수 있을 정도의 단서는 남겨 두어야 합니다. 문제를 복사하거나 잘라서 붙인다면 그 문제를 옮겨 쓰는 것처럼 꼼꼼하게 봐야 합니다.

둘째, 정답과 풀이 과정을 함께 기록한다.

오답 노트는 답을 적는 공간이 아니라 풀이 과정을 기록하는 공간입니다. 답만 옮겨 적는 것은 시험 직전에 '이게 답이었지'라고 확인하는 데에는 쓸모가 있겠지만 실력 향상에는 전혀 도움이 되지 않습니다. 문제의 조건을 어떻게 해석해야 하는지, 어떤 개념이나 공식을 적용해야 하는지, 중간 계산 과정에서 주의해야 할 부분은 무엇인지, 답까지의 논리적인 흐름은 어떤지 등을 확인한 뒤에 정리해야 합니다. 그래야 자신이 어디에서 풀다가 막혔고 어떤 사고 과정이 잘못되었는지를 명확하게 알 수 있습니다.

셋째, 내가 틀린 이유를 분석한다.

오답 노트의 핵심은 '왜 틀렸는지' 분석하는 것입니다. 단순한 실수였는지 개념에 대한 이해가 부족했는지 아니면 문제의 조건을 잘못 읽었는지 문제 상황에 맞게 개념을 적용하지 못했는지를 스스로 따져 보고 기록해야 합니다. 이 과정이 오답 노트의 핵심입니다. 많은 학생이 자신은 다 알고 있는데 실수로 틀렸다고 이야기합니다. 이야기를 나누다 보면 본인은 실수라고 주장하지만 실제로는 실수가 아닌 경우가 많습니다. 왜 틀렸는지를 분석해서 나의 약점을 정확하게 파악하고 실수를 했다면 주로 어디서 어떻게 실수하는지도 확인할 수 있습니다. 오답 노트를 통해 '메타 인지'를 발휘할 수 있습니다.

넷째, 관련 개념을 다시 정리한다.

오답과 관련되는 개념을 교과서나 정리 노트에서 찾아 오답 노트에 간단히 정리합니다. 한두 줄로 요약해도 충분한 복습이 됩니다. 문제 옆에 핵심 공식, 정의, 개념어 등을 정리해 두면 나중에 빠르게 훑어볼 수 있어 시험 직전 복습하기도 좋겠지요. 관련 개념을 내 것으로 만드는 과정이 이 단계입니다.

다섯째, 유사 문제를 찾아 풀어 본다.

같은 유형의 문제를 1~2개 더 풀어 보며 개념을 익혔는지 점검해야 합니다. 그 내용을 이해했는지 여전히 헷갈리는지 판단할 수 있는 단계입니다. 같은 개념이라도 문제의 조건이나 상황에 따라 형태가 달라집니다. 이 과정을 통해 개념을 제대로 이해했는지, 아직도 혼동하는 부분이 있는지 점검할 수 있습니다. 만일 유사한 문제를 찾을 수 없다면 같은 문제를 하루나 이틀 뒤에 다시 풀어 보는 것도 좋습니다. 공부한 직후에 다시 풀면 답이나 풀이 과정을 이미 기억하고 있기 때문에 문제를 푼 건지 답을 외운 건지 구분이 되지 않습니다. 근무교 학생 몇몇이 다니는 수학 학원은 똑같은 문제를 3번씩 풀이 과정을 쓰게 시키는 곳도 있더군요. 학생들에게 물어보니 3번째 쓰면 풀이 과정이 다 외워진다고 하는데 틀린 것이 너무 많으면 부담스럽기도 하다고 대답했습니다.

여섯째, 오답 노트는 간결하고 핵심적으로 쓴다.

오답 노트를 작성할 때는 문제 원문, 정답 및 풀이 과정, 틀린 이유, 관련 개념 요약, 유사 문제 정도면 충분합니다. 너무 많이 틀린다면 서너 문제를 정리하는 것도 좋습니다. 중요한 것은 양이 아니라 꾸준함과 지속 가능성이니까요. 앞에서 이야기한 것처럼 근무교 학생들 중 학원 문제를 10개 이상 틀린 학생은 30번 이상 다시 써야 하는데, 학원 선생님의 의도는 분명 그것이 아니었을 겁니다. 그런데 학생들이 너무 힘들다면서 꼼수를 사용하더라고요. 그런 것보다는 차라리 문제의 수를 줄이고 문제 몇 개라도 확실하게 이해하는 것이 더 낫습니다.

이런 식으로 오답 노트를 작성하면 개념 정리, 실수 분석, 재확인 문

7. 오른쪽 그림의 △ABC 에서 $\overline{BC} /\!/ \overline{DE}$ 일때,

$y-x$의 값은?

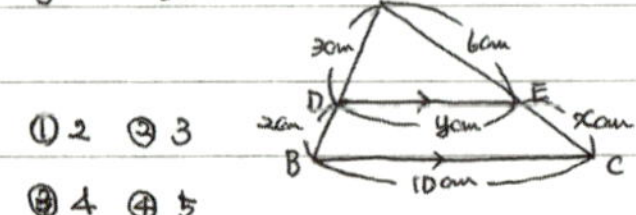

① 2 ② 3
③ 4 ④ 5
⑤ 6

$\overline{BC} /\!/ \overline{DE}$

$\overline{AD} : \overline{DB} = \overline{AE} : \overline{BC}$

$3 : 2 = 6 : x$

$18 = 2x$

$9 = x \quad \therefore x = 9$

$\overline{AD} : \overline{AB} = \overline{DE} : \overline{BC}$

$3 : 5 = y : 10$

$3y = 50$

비례식의 기본성질 (내항의 곱 = 외항의 곱)

$a : b = c : d$ 일때, $a \times d = b \times c$

오답노트

$\overline{BC} /\!/ \overline{DE}$

$\overline{AD} : \overline{DB} = \overline{AE} : \overline{BC}$

$3 : 2 = 6 : x$

$3x = 12$

$\therefore x = 4$

$\overline{AD} : \overline{AB} = \overline{DE} : \overline{BC}$

$3 : 5 = y : 10$

$5y = 30$

$\therefore y = 6$

$y - x = 6 - 4 = 2$

수학 오답 노트

제까지 모두 포함된 훌륭한 맞춤 복습 자료가 됩니다. 시험 감독을 하러 가면 5분 정도의 짧은 시간 동안 노트 필기를 암기하는 학생들이 많은데 그것보다 자신이 주로 틀리거나 어려운 부분을 집중적으로 보면서 기억하는 것이 효율적입니다.

공부를 잘하려면 공부를 시스템화해야 합니다. 오답 노트는 시스템의 핵심입니다. 오답 노트를 작성하면서 '무작정 열심히' 공부할 것이 아니라 '정확히 점검하며' 공부해 시스템화한다면 좀 더 체계적으로 공부할 수 있을 것입니다.

오답 노트 작성 시 학습 점검 내용

항목	스스로 평가 (◎ 매우 잘함 / ○ 보통 / △ 미흡)	비고
개념 이해		
풀이 과정 정리		
오답 분석 능력		
실수 원인 파악		
복습 및 적용		

오답 노트가 필수인 수학

특히 **수학에서 오답 노트의 효과는 절대적입니다.** 수학은 공식을 외우기만 하면 안 됩니다. 같은 개념이라도 문제의 조건에 따라 다양하게 변형되어 출제됩니다. 교과서에 나온 문제와 똑같이 출제하더라도 숫자가 달라지면 전혀 다른 문제가 될 수 있습니다. 그러므로 수학을 잘하려면 개념을 확실하게 이해하고 문제를 풀면서 틀리면 반드시 오답 노트를 작성해야 합니다. 틀린 문제를 분석하고 정리하는 과정은 '그 문제를 틀리지 않겠다'는 차원을 넘어 문제 풀이 방법, 개념의 활용, 계산의 정확성까지 점검하는 좋은 도구입니다.

수학은 틀린 문제를 제대로 정리해 두면 이후 비슷한 문제를 수월하게 해결할 수 있습니다. 오답 노트를 꾸준히 작성하면 자신이 자주 틀리는 문제 유형이나 자주 틀리는 부분을 명확히 알 수 있고 이를 바탕으로 공부 방향을 더욱 효과적으로 설정할 수 있습니다.

수학 시험에서 논술형 문제가 출제됩니다. 이때 가장 중요한 것은 '정답'이 아니라 '문제 풀이 과정'입니다. 답이 맞았더라도 풀이 과정이 틀리면 감점됩니다. 반대로 정답이 틀려도 풀이 과정이 맞고 정확하면 정답만 맞힌 학생보다 점수가 더 높을 수도 있습니다. 채점 기준표를 살펴보면 풀이 과정에 몇 점, 정답 몇 점으로 점수를 설정해 놓는데 정답보다 풀이 과정에 더 높은 점수가 배정되는 편입니다. 문제마다 다르겠지만 5점짜리 문제라면 정답 1점, 풀이 과정 4점으로 배점하는 식이지요. 눈으로만 수학 문제를 풀고 답만 쓰는 습관을 갖고 있다면 좋은 성적을 받기 어렵습니다.

수학을 풀 때는 단위를 쓰는 연습도 필요합니다. 길이를 구하는 문제에서 '1'만 적었다면 그것이 '1cm'인지 '1m'인지 '1km'인지 알 수 없습니다. 단위 하나로 의미가 전혀 달라지기 때문에 단위까지 정확하게 표기합니다. 오답 노트를 쓸 때 이런 점을 고려하면서 쓴다면 오답 노트를 어떻게 작성해야 할지 짐작할 수 있을 거라 생각합니다.

저희 반 반장인 희윤이는 공부보다 운동을 좋아하는 학생입니다. 특히 수학 성적이 낮은 편인데 **수학 시험을 보면 늘 40~50점대입니다.** 그래도 성격이 밝고 명랑한 편이라 수학 수업 시간에 수업은 즐겁게 듣는다고 합니다. 어느 날 수학 선생님과 이야기를 나누다가 희윤이 이야기가 나왔습니다. 수학 선생님이 희윤이는 성격도 명랑하고 긍정적이라 너무 좋은데 수학 성적이 너무 낮아서 걱정이라고 하셨습니다.

그 말을 들은 저는 희윤이를 불러서 상담했습니다. 희윤이에게 공부는 재미있냐고 물었습니다. 희윤이는 공부가 재미있지는 않다며 그중 수학 공부가 제일 힘들다고 했습니다. 희윤이에게 수학 선생님께서 방과 후 수업을 개설하는데 혹시 들어 볼 생각이 없냐고 물었습니다. 희윤이는 방과 후에 마땅히 할 일이 없다며 흔쾌히 방과 후 수업을 듣겠다고 했습니다. 방과 후 수업을 마치고 돌아온 수학 선생님께 어땠냐고 여쭤보면, 희윤이는 수업 시간에는 정말 집중해서 잘 듣는답니다. 내용 이해도 굉장히 좋은 편이고요. 하지만 다음 시간이 되면 지난 시간 내용을 다 잊는다고 했습니다. 지난 시간에 배웠던 내용을 아무것도 기억하지 못한다고요. 틀린 문제를 다시 설명해 주었는데 그것도 전혀 기억이 나지 않는다고 했다고 합니다. 희윤이에게 왜 그런 것 같냐고 물었더니 자기는 수업을 들으면 그걸로 끝이라고 했다고 합니다. 복습이나 오답 노트 작성을 전혀 안 한 거죠. **수학 선생님과 의논해**

서 수학 문제를 풀어 오게 숙제를 내 주고, 틀리면 오답 노트를 작성하게 했습니다.

희윤이는 처음에는 오답 노트를 작성할 필요가 없다고 큰소리쳤습니다. 그래서 수학 선생님과 숙제를 한 것 중에서 틀린 것 두 개만 오답 노트를 작성해 보자고 했습니다. 희윤이도 그 정도는 할 수 있을 것 같다고 동의했습니다. 처음에는 오답 노트를 어떻게 써야 할지 몰라서 틀린 문제와 답지의 풀이 과정을 그대로 따라 썼습니다. 저와 수학 선생님은 희윤이의 오답 노트를 보고 너무 잘 썼다고 대단하다며 오버하면서 칭찬했습니다.

희윤이는 선생님들의 그런 반응이 싫지 않았나 봅니다. 생각보다 성실하게 오답 노트를 썼습니다. 오답 노트의 문제는 한 문제가 두 문제가 되고 두 문제가 세 문제가 되었습니다. **언젠가부터 희윤이의 오답 노트의 느낌이 달라졌습니다. 어느 순간 자신이 왜 틀렸는지 이유를 분석하기 시작했고, 오답 노트를 잘 쓰려면 어떻게 해야 하는지 질문하더니 틀린 문제와 관련된 개념을 찾아 정리하기 시작했습니다.** 수학 선생님께 숙제를 더 내 달라고 부탁하기도 했습니다. 비슷한 유형의 문제를 맞히더니 수학에 자신감도 보였습니다.

물론 희윤이의 수학 성적이 단번에 오르는 기적을 보여 주는 완벽한 해피엔딩은 아니었습니다. 그래도 저는 수학에 전혀 관심이 없던 아이가 수학에 흥미를 느꼈다는 것만으로도 충분히 의미가 있다고 생각합니다. **오답 노트를 작성하면서 자신이 어디서 틀렸는지를 스스로 돌아보고, 자기만의 공부의 방향을 찾게 되었으니까요.** 수학 선생님도 희윤이가 수학 수업 시간에 집중하는 정도가 달라졌다고 하면서 수학에 관심을 갖게 된 것 같다며 뿌듯해했습니다.

희윤이를 보면서 오답 노트가 수학에 흥미를 생기게 할 수도 있겠다는 생각이 들었습니다. 오답 노트는 나의 실수를 분석하고 개념을 되짚으며 문제 해결력을 키우는 학습의 장입니다. 그리고 그 꾸준한 학습이 수학에 흥미를 갖게 하고 수학 공부를 열심히 하도록 도울 수도 있습니다. 특히 수학은 반드시 손으로 풀어야 하는데 그러기 위해 오답 노트가 필수입니다.

오답 노트는 수학을 두려운 과목에서 도전이 가능한 과목으로 바꿔 주는 가장 확실한 도구라고 할 수 있습니다.

오답 노트를 작성하는 요령

오답 노트를 작성할 때는 해설지를 참고하는 것이 좋습니다. 물론 답이나 해설지를 최대한 보지 않고 스스로 생각하는 것도 중요합니다. 하지만 너무 막막할 때는 해설지를 참고하면 빠르게 이해할 수 있습니다. 답이나 해설지를 보지 말라는 것은 조금만 막혀도 답이나 해설지를 찾는 경우를 말하는 것이지, 정말 답답할 때까지도 참고하지 말라는 뜻은 아닙니다.

수학 문제의 답이나 해설지를 볼 때는 풀이 과정뿐 아니라 이 개념을 왜 사용했는지 그래서 이 문제를 어떻게 풀었는지를 정확하게 이해해야 합니다.

해설지를 통해서 충분히 이해하고 이후에 이 문제와 비슷한 문제가 나와도 스스로 풀 수 있을 만큼 해설지의 풀이법을 내 것으로 만드는 겁니다.

우선 문제를 옮겨 씁니다. 이때 문제를 꼼꼼하게 읽어야 합니다. 그 뒤 해설을 보지 말고 내가 처음 푼 방식을 그대로 적습니다. 어디에서 틀렸는지를 찾기 위함이니 나의 풀이 과정을 생략하지 말고 다 써야 합니다.

그 뒤 다시 차근차근 풀어 봅니다. 이 단계가 중요합니다. 해설이나 정답을 보지 않은 상태에서 처음부터 끝까지 다시 푸는 겁니다. 스스로 오류를 찾아내야 기억에 오래 남고 자신이 어디서 실수했는지 확실히 파악할 수 있습니다. 다 푼 뒤 답을 맞혀 보고 맞았다면 내가 풀이한 과정이 맞는지 해설지를 보며 비교해 보고, 틀렸다면 다시 문제를 읽고 푸는 과정을 반복합니다.

대부분의 문제는 한두 번 정도 다시 풀면 풀릴 겁니다. 그런데도 풀리지 않는 문제가 있다면 해설지를 살펴봅니다. 해설지를 보면서 자신이 어느 부분에서 잘못 생각했는지 본 뒤에 스스로 다시 문제를 풀어 봅니다.

그 뒤 자신이 어디서 잘못 풀었는지 이유를 간단히 써 놓습니다. '공식 적용 순서 착각'이나 '분모 통분 생략'처럼 한두 줄이면 충분합니다. **구체적으로 적어야 나중에 내가 무엇 때문에 틀렸는지 알 수 있습니다. '계산 실수'라고 쓰면 도움이 되지 않습니다. 어떤 실수가 있었는지 정확히 적어 둡니다.**

계산 실수:　　　부호, 곱셈·나눗셈 순서, 약분 실수 등

조건 누락:　　　범위, 정수나 자연수 범위 등

개념 부족:　　　정의나 공식, 정리 조건을 정확히 몰랐던 경우

문제 해석 오류:　　조건을 잘못 읽거나, 단위를 놓친 경우

전략 부재:　　　더 효율적인 접근법을 몰라 시간을 허비한 경우

시간 부족:　　　성급한 계산, 검산 누락 등

　문제 옆에는 '부등식의 양변을 음수로 곱하거나 나누면 부등호 방향이 바뀐다'와 같이 관련 개념이나 공식 등 핵심적인 내용을 한두 줄로 정리하고 행동 지침을 남겨 둡니다. '부호는 식을 세운 뒤 한 번 더 확인', '평행선 조건을 먼저 확인 후 각의 관계를 적용', '문제 읽기 전 단위 통일' 같이 구체적으로 쓰는 거죠. 이 메모가 시험 전 체크리스트가 될 겁니다.

　할 수 있다면 숫자만 살짝 바꿔 형태가 같은 문제를 만들어 풀어 보면 좋습니다.

　오답을 충분히 이해했다는 생각이 들면 다음 날 다시 풀어 봅니다. 해설지를 보고 풀고 나면 해설지의 풀이 과정이 기억에 남아 있어서 자신의 실력이 아니라 해설을 기억해서 풀었을 가능성이 있기 때문입니다. 문제 앞에 3칸을 만들어 놓고 첫 번째 칸은 오늘 푼 기록, 두 번째 칸은 다음 날, 세 번째 칸은 일주일 쯤 뒤 다시 푸는 거죠. 그리고 각 칸 안에 ○△× 표시를 해서 내가 충분히 이해했는지 확인합니다. 다시 틀리면 왜 틀렸는지 다시 찬찬히 틀린 원인을 분석해 충분히 이해

수학 오답 노트 체크리스트

구분	점검 내용	체크 (✓)
기본 정보	단원명과 날짜를 적었는가?	☐
	문제 출처(교과서·시험지·문제집 등)를 기록했는가?	☐
	문제 유형(일차방정식, 도형의 닮음 등)을 표시했는가?	☐
오답 원인 분석	내가 왜 틀렸는지 이유를 적었는가?	☐
	☐개념 부족　☐계산 실수　☐문제를 잘못 읽음 ☐시간 부족　☐기타(　　　　　　　　)	☐
	개념 부족이라면 관련 개념을 다시 찾아 정리했는가?	☐
	계산 실수였다면 실수한 부분을 표시했는가?	☐
해결 과정	교과서 해설을 내 말로 풀이해서 썼는가?	☐
	핵심 식이나 아이디어에 밑줄·강조 표시를 했는가?	☐
	풀이를 한 줄로 요약했는가? (예: 인수분해로 식 정리)	☐
다시 풀기 & 확인	다음 날 다시 풀어 보았는가?	☐
	두 번째에는 스스로 풀었는가?	☐
	두 번 다 맞았는가? (○ / △ / ×)	☐
	비슷한 문제를 1개 이상 더 풀었는가?	☐
다짐 & 계획	이번 오답을 통해 배운 점을 정리했는가?	☐
	같은 실수를 막기 위해 계획을 세웠는가? (예: '문제 읽을 때 조건 밑줄 치기', '공통인수 먼저 확인하기')	☐

하고 풀 수 있다고 판단이 될 때까지 풉니다.

　수학은 특히 시간 관리가 중요합니다. 시험을 볼 때 어려운 문제를 만나면 그 문제를 푸느라 시간이 부족해서 뒤의 문제를 못 풀었다는 학생들이 많습니다. 이를 방지하려면 오답 노트를 작성할 때, 옆에 풀이 시간도 함께 기록해 시간을 단축하는 연습까지 함께 하면 금상첨화입니다.

공부를 잘하는 학생들을 살펴보면 문제집을 많이 풀기보다 틀린 문제를 완벽하게 익히고 그 문제를 다시는 틀리지 않겠다는 태도로 공부합니다. 무조건 많이 풀기보다 하나라도 제대로 알고 넘어가겠다는 태도가 중요합니다.

수학은 실수를 통해 배우는 과목입니다. 오답 노트 한 권을 끝까지 채워 나가는 과정은 사고의 깊이를 확장하고 문제 해결력을 키우는 과정이며 수학 실력을 쌓아 가는 과정입니다. 그렇게 쌓은 수학 실력은 고등학생이 되어서도 결코 배반하지 않을 것입니다.

수학 오답 노트의 예시

학생들에게 오답 노트 작성 방법을 알려 주고 쓰게 했습니다. 아래는 학생들이 쓴 오답 노트입니다. 제가 알려 준 오답 노트 작성 방법과 비슷하게 쓴 학생들도 있고, 자신만의 방법으로 바꾸어서 작성한 학생들도 있습니다.

어떻게 작성하든 그 문제가 왜 틀렸는지 찾고 그것을 통해서 내가 이 문제를 왜 틀렸고, 그래서 무엇을 알아야 하며, 그 문제를 제대로 풀 수 있다면 그것으로 충분합니다.

답을 쓸 때에

수학
감점　　단위 (답정석 -1)

없으면　식만 적어
예 P208　11. 14. 13 : 예

□ABCD
△ABC ≡ △A'B'C'

① △ABC ≡ △A'B'C'　□ABCD = 면 ABCD
감점
요소　② 변 (평면도형) 모서리 (입체도형)　$\overline{AB}$
$\overline{AB}$ $\overline{AB}$ $\overline{AB}$ $\overline{AB}$　다면체, 다각형 이름
③ 답란 : 답 (단위)
④　A　B　없으면　P208 예1. 12, 13, 14 → 식만 채점
　　B　C
⑤ 동위각 엇각 (…각들) - 단위는 답계산 할때만 본다

감점 요소를 기록한 오답 노트

6. 서로 평행한 두 일차함수 $y=ax+b$, $y=\frac{1}{4}x+1$의
그래프가 x축과 만나는 점을 각각 A,B라 할때, $\overline{AB}=2$
이다. $a+b$의 값은? (단, a,b는 수이고, $b<0$ 이다)
① $\frac{1}{4}$ ② $\frac{1}{2}$ ③ $\frac{3}{4}$ ④ 1 ⑤ $\frac{5}{4}$

두 일차함수 $y=ax+b$, $y=\frac{1}{4}x+1$ 의 그래프가 평행

$a=\frac{1}{4}$ $a=\frac{1}{4}$

$y=\frac{1}{4}x+b$ $y=0$ $y=\frac{1}{4}x+b$ $y=0$

$0=\frac{1}{4}x+b$ $0=\frac{1}{4}x+b$

$\therefore x=-4b$ $\therefore x=-4b$

$\therefore A(-4b,0)$ $\therefore A(-4b,0)$

$y=\frac{1}{4}x+1$ $y=0$ $y=\frac{1}{4}x+1$ $y=0$

$0=\frac{1}{4}x+1$ $0=\frac{1}{4}x+1$

$\therefore x=④$ ← 부호안바꿈 $\therefore x=-4$

$\therefore B(4,0)$ $\therefore B(-4,0)$

$\overline{AB}=2$ $b<0$ $\overline{AB}=2$ $b<0$

$-4b-4=2$ $-4b-(-4)=2$

  $4b=6$ $-4b=-2$

$b=-\frac{3}{2}$ $b=\frac{1}{2}$

$\therefore a+b=\frac{1}{4}+\left(-\frac{3}{2}\right)=-\frac{5}{4}$ $\therefore a+b=\frac{1}{4}+\frac{1}{2}=\frac{3}{4}$

틀린 이유를 기록한 오답 노트

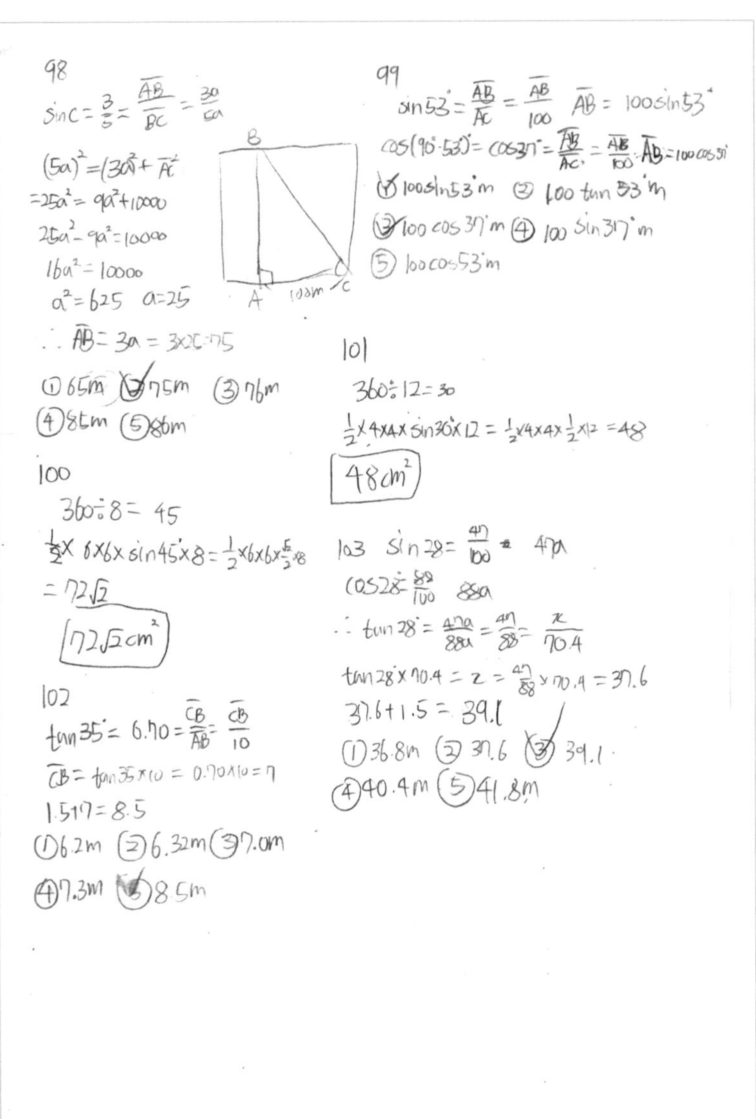

문제 풀이 과정이 드러나도록 다시 작성한 오답 노트

바야흐로 AI 시대라고 합니다. 하지만 매일 학생들을 만나며 느끼는 것은 아무리 시대가 변해도 결코 변하지 않는 진리가 있다는 것입니다. 그것은 바로 '**스스로 고민하고 기록하며 내 것으로 만드는 힘**'의 가치입니다. **앞으로 입시에서는 역설적이게도 가장 아날로그적인 방법, 즉 정리 노트와 오답 노트가 강력한 무기가 될 겁니다.** 남이 만든 것이 아닌, 스스로 생각의 자취를 남기고 나만의 언어로 꾹꾹 눌러쓴 노트야말로 목표를 향해 흔들림 없이 나아가게 하는 가장 든든한 나침반이 되어 줄 것입니다. 정성스레 써 내려간 치열한 정리의 시간들은 결코 배신하지 않을 것입니다.

노트 정리 체크리스트
학생과 학부모가 함께 보는
노트 정리 습관

노트 정리가 제대로 되고 있는지 점검해 보는 체크리스트입니다. 이 체크리스트는 학생 혼자 사용해도 좋고, 학부모님과 함께 주 1회 또는 단원 종료 후 점검해 보면 학습 습관을 함께 개선해 나가는 데 큰 도움이 됩니다.

체크한 항목 수가 늘어날수록 노트는 점점 더 강력한 '나만의 공부 도구'로 성장할 겁니다. 노트를 쓸 때는 단순히 필기를 하는 것을 넘어 노트를 어떻게 정리할 것인지, 어떤 내용을 정리할 것인지를 끊임없이 생각하면서 쓰기를 실천해 보세요. 그 노트는 분명 나중에 커다란 효과로 이어질 겁니다.

<table>
<tr><td>점검 항목</td><td>체크
(✓)</td></tr>
</table>

점검 항목	체크 (✓)
수업이 끝난 후 24시간 이내에 노트 정리를 했는가? 설명 빠른 복습은 기억을 오래 유지하게 해 줍니다.	☐
수업 내용을 그대로 옮기지 않고, 나만의 방식으로 정리했는가? 설명 이해한 내용을 재구성하면 진짜 실력이 됩니다.	☐
핵심 개념과 용어를 내 언어로 다시 써 보았는가? 설명 암기보다 '이해'를 중심에 둔 정리입니다.	☐
도표, 화살표, 색깔 등 시각적 요소를 활용했는가? 설명 정보 간 관계를 한눈에 파악하기 좋습니다.	☐
정리하면서 스스로 떠올린 질문을 적어 보았는가? 설명 질문은 사고력을 기르는 최고의 도구입니다.	☐
잘 모르는 개념이나 어려운 부분에 표시를 했는가? 설명 '모른다'는 것을 아는 것이 배움의 시작입니다.	☐
시험 전 노트를 복습 자료로 활용하고 있는가? 설명 노트는 '나만의 요약본'이 될 수 있습니다.	☐
수행평가나 논술을 준비할 때 노트를 참고했는가? 설명 사고의 틀을 만들기 위해 노트를 사용합니다.	☐
단원 전체의 흐름이나 개념 간 관계를 연결해 정리했는가? 설명 구조적 이해가 서술형과 논술에 큰 힘이 됩니다.	☐
일주일에 두 번 이상 노트 정리를 꾸준히 하고 있는가? 설명 꾸준한 습관이 실력을 만듭니다.	☐

이 책에 소개된 최상위권 학생들의 노트 필기 이미지 중 일부는 해상도가 낮아,
보다 명확한 이미지를 제공하기 위해 재작성하여 수록했습니다.

현직 교사가 분석한
내신과 수능을 모두 잡는 공부 비법
중등부터 시작하는 내신 1등급 오답 노트

1판 1쇄 발행 2026년 4월 1일

지은이 배혜림
발행인 조상현
마케팅 조정빈   **편집인** B: 사이드 미   **디자인** 페이퍼컷 장상호

발행처 더디퍼런스
등록번호 제2018-000177호
주소 경기도 고양시 덕양구 큰골길 33-170(오금동)
문의 02-712-7927   **팩스** 02-6974-1237
이메일 thedibooks@naver.com   **홈페이지** www.thedifference.co.kr

ISBN 979-11-6125-582-8 43370

독자 여러분의 소중한 원고를 기다리고 있으니 많은 투고 바랍니다.

더디퍼런스는 다른 시선으로 세상을 담는 책을 만듭니다.

십대가 되고 싶은 직업 로드맵 〈마스터플랜 시리즈〉

진로직업 마스터플랜

내 삶의 주인공이 되도록 하는
직업의 의미와 가치를 알아본다.

아이돌 스타 마스터플랜

현재 아이돌의 삶과 아이돌이 되는
방법을 자세히 말해준다.

1인 크리에이터 마스터플랜

인기 있는 크리에이터로서
갖춰야 할 태도와 자세를 배운다.

드론 전문가 마스터플랜

드론 전문가를 꿈꾸는 청소년을
위한 진로 로드맵

파일럿 마스터플랜

파일럿이 되기까지 거쳐야 하는
진로 로드맵을 꼼꼼히 체크한다.

셰프 마스터플랜

셰프를 꿈꾸는 청소년들의 미래를
생생하게 보여준다.

웹소설 작가 마스터플랜

웹소설 작가가 되는 방법과
미래 전망을 알고 싶을 때

빅데이터 전문가 마스터플랜

4차 산업혁명 시대의 대표 직업,
빅데이터 전문가의 세계

미래 선생님 마스터플랜

미래 사회 선생님의 역할은
어떻게 변할까?

반려동물 전문가 마스터플랜

수의사, 도그 핸들러, 펫시터 등
흥미로운 직업 세계!

프로파일러 마스터플랜

경찰이면서 범죄심리분석관인
프로파일러의 세계

로봇공학자 마스터플랜

'로알못'들을 로봇공학자의
신세계로 초대한다.

심리전문가 마스터플랜

논리적인 사고와 따뜻한 마음의
소유자, 심리전문가의 세계!

공무원 마스터플랜

우리가 꿈꾸는 공무원은
실제 모습과 어떻게 다를까?

미래 의사 마스터플랜

의사가 가진 직업적 가치는?
미래 의사는 어떤 모습으로 일할까?

1인 기업 마스터플랜

청소년이 미래에 한 번쯤
갖게 될 직업, 1인 기업가!

웹툰 작가 마스터플랜

웹툰 작가는 정해진 진로의
순서가 없다. 누구나 가능하다!

운동 선수 마스터플랜

어떤 직업보다 '경쟁'이 치열하고
어떤 일보다 '실력'이 먼저이다.

법조인 마스터플랜

논리력과 추리력, 높은 도덕성이
필요한 직업, 법조인의 세계!

사회복지사 마스터플랜

전문 지식으로 어려움을 해결하고
삶의 현장을 지키는 사회복지사의 세계!

프로게이머 마스터플랜

게임을 좋아하는 청소년들이
꼭 알아야 할 프로게이머의 세계!

정치가 마스터플랜

국민의 안전과 행복을 책임지고
사회 문제를 해결하는 정치가의 세계!

※청소년 직업 로드맵 〈마스터플랜 시리즈〉는 계속 출간됩니다.